__Clemens Emmler__, freier Fotograf, hat ein Faible für Reiseziele der südlichen Hemisphäre. In Down Under war er schon häufig unterwegs..

Die Reisejournalisten __Bruni Gebauer und Stefan Huy__ bereisen Australien seit 1988 jedes Jahr mehrere Monate lang. Sie begeistern sich für die smarte Lebensart an den Küsten und abenteuerliche Aufenthalte im Outback.

Liebe Leserinnen, liebe Leser!

Wenn Sie in Australien in einem Pub stehen und zufrieden ihren Bierdurst löschen, neben Ihnen aber das Wort „sissy“ fällt, dann ist etwas schiefgelaufen. Dann trinken Sie wahrscheinlich Ihr Bier aus einem Glas statt direkt aus der Flasche. Und damit sind Sie alles andere als ein „mate“, ein ganzer Kerl, der üblicherweise nicht mal an ein Bierglas denken würde. Sie als Glasbenutzer fallen leider in die Kategorie „sissy“, Weichling. Wie Sie sich im Pub sonst noch als „sissy“ outen können, erfahren Sie in unserem DuMont Thema auf S. 46 ff., dort gibts einen regelrechten Pub-Knigge und dazu ein Pub-Sprachlexikon, das weiterhilft.

Endlose Weite im Outback

Australien hat aber natürlich neben dieser und anderen kleinen Kuriositäten vor allem Großartiges zu bieten. Überwältigende Landschaften, eine grandiose Tierwelt – und endlose Weiten. Mitten in einer großen hitzeflirrenden Ebene erhebt sich der Ayers Rock, der Uluru der Aborigines, die ihn als heiligen Ort verehren und den sogar die hartgesottenen Outback-Typen respektieren. Wie der Alltag hier im Outback aussieht, welche kulturellen Kontraste es in dieser Abgeschiedenheit gibt, wie unkonventionell und entspannt man miteinander umgeht und wo die Outback-Kinder ihr Schulwissen erlangen – das alles erzählt William Newman, stellvertretender Leiter der School of the Air, im Interview auf S. 76. Nur so viel sei schon verraten: Die Lehrer müssen reisefreudig sein!

Besuch bei den Kingfisher und Jesus Birds

Für Tierliebhaber haben wir zwei besondere Tipps auf unseren DuMont-Aktiv-Seiten: die Vogelschau im Kakadu National Park, wo man Kingfisher und Jesus Birds zu sehen bekommt, und „Dates mit Delfinen“ – Segeltörns mit Delfinbeobachtung oder die Delfinfütterung am Strand von Monkey Mia. Und natürlich lassen wir Sie auch wissen, wo Sie Krokodile, Kängurus und Koalas entdecken und beobachten und Genaueres über ihre Lebensumstände erfahren können.

Herzlich

Ihre

Birgit Borowski

Birgit Borowski
Programmleiterin DuMont Bildatlas

84 Zum UNESCO-Welterbe gehört so manche Stätte auf dem fünften Kontinent – auch der grandiose Kakadu National Park zählt dazu.

68 Känguru und Krokodil – die Begegnung mit ihnen in der freien Wildbahn ist möglich. Auch zahme Delfine gehören zum Naturprogramm.

46 Echte Kerle trinken im Pub aus der Flasche oder Dose, nur „Sissies" brauchen hier ein Glas ...

Impressionen

Melbourne/Südosten

Tasmanien

Adelaide/Südaustralien

UNSERE FAVORITEN

BEST OF ...

62 Emu, Känguru und Krokodil – Fleisch aus Zuchtbetrieben kommt in fantasievollen Variationen auf den Tisch.

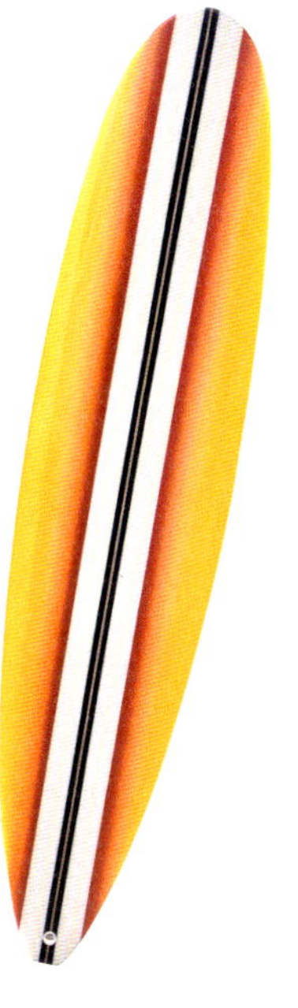

Northern Territory 84 – 99
Perth und der Westen 100 – 115
Stuart Highway 68 – 83
Adelaide/Südaustralien 54 – 67
Melbourne/Südosten 22 – 37
Tasmanien 38 – 53
1
2
3
4
5
6
7
8
9
10
INDONESIA
PAPUA NEW GUINEA
EAST TIMOR
A U S T R A L I A
A U S T R A L I A
INDIAN
OCEAN
South Australia Basin
North Australia Basin
West Caroline Basin
East Caroline Basin
New Guinea Trench
Celebes Sea
Laut Maluku
Laut Seram
Laut Banda
Laut Jawa
Laut Bali
Laut Flores
Laut Sawu
Timor Sea
Laut Arafura
Gulf of Carpentaria
Coral Sea
Solomon Sea
Bismarck Sea
Tasman Sea
Kalimantan (Borneo)
Kep. Sunda Besar
Kep. Sunda Kecil
Sulawesi (Celebes)
Kep. Maluku
Java
Bali
Lombok
Sumbawa
Sumba
Flores
Timor
New Guinea
Samarinda
BANJARMASIN
MAKASSAR
Manado
SURABAYA
MALANG
Denpasar
Dili
Sorong
Jayapura
Port Moresby
Darwin
Broome
Alice Springs
Uluru / Ayers Rock
Mount Isa
Cairns
Townsville
PERTH
Albany
Port Augusta
Port Lincoln
ADELAIDE
MELBOURNE
Canberra
SYDNEY
Hobart
Kimberley
Great Sandy Desert
Gibson Desert
Tanami
Great Victoria Desert
Nullarbor Plain
Barkly Tableland
Simpson
Great Artesian Basin
Cape York Pen.
Arnhem Land
Pilbara
Hamersley Ra.
Macdonnell Ranges
Flinders Ra.
Great Barrier Reef
GREAT DIVIDING RANGE
Australian Alps
Great Australian Bight
Eucla Basin
Kangaroo I.
Tasmania
Mt. Ossa 1617
Mt. Kosciusko 2228
Maßstab 1:23.000.000
0
250 km

Topziele

Die bedeutendsten Ziele in Australiens Westen und Süden auf den Gebieten Natur, Kultur und Aktiv haben wir hier für Sie zusammengestellt. Auf den Infoseiten ist das jeweilige Highlight mit **TOPZIEL** *gekennzeichnet.*

NATUR

KULTUR

AKTIV

Gut gelaunte Megacitys

Melbourne, vom Business beherrscht? So will es vielleicht die moderne Architektur aus Stahl und Glas glauben machen. In der Millionenstadt aber verbinden sich Verwaltung, Kultur und jede Menge Aussie-Lebensfreude zu einer einmaligen Melange.

Küsten mit weiten Stränden

Das Wasser an der Küste bei Perth lockt mit seinen glitzernden Blautönen zu Badefreuden – und auch Kitesurfen gehört hier zum Strandprogramm. Doch auch im Norden des Kontinents findet man grandiose Strände, die sich schier endlos am Wassersaum entlangziehen. Die Ostküste wiederum ist ein wahres Surferparadies.

Legenden der Traumzeit

Felsen im Arnhem Land tragen Zeichnungen der indigenen Bevölkerung Australiens, deren Motive eng mit den Mythen der Traumzeit verbunden sind: In der Vorstellungswelt der Aborigines versahen ihre Vorfahren – überirdische Wesen in menschlicher oder tierischer Gestalt – während der Traumzeit alle Naturerscheinungen wie Regen, Wasserlöcher, Höhlen, Felsen und Bäume mit spiritueller Bedeutung. Die Symbole auf den kultischen Objekten verkörpern die spirituellen Kräfte der Traumzeit und prägen zugleich das rituelle Geschehen der ihnen zugeordneten Stammesgemeinschaft.

Aufregender Artenreichtum

Australiens Tierwelt ist vielfältig, hin und wieder gefährlich, manchmal aber auch einfach nur bunt und schillernd. So wie die Regenbogen-Loris, die als gefiederte Farbtupfer das Grün der Bäume bevölkern. Doch es gibt noch viel mehr zu sehen: beispielsweise die putzigen Koalas, die großen Leistenkrokodile und die faszinierende Unterwasserwunderwelt des Ningaloo Reef.

Natürlich strukturiert

Was wie ein abstraktes Gemälde wirkt, hat der King River in Australiens Westen gezeichnet. In großen Schleifen, umgeben von Mangroven, mäandriert er dem Ozean zu, in den er sich bei Wyndham ergießt.

Querfeldein übers Land

Die schier unendliche Weite des fünften Kontinents hält manches Outdoor-Abenteuer bereit: Abseits von Highways und gepflasterten Straßen geht es mit dem 4WD oder wandernd durch atemberaubende Landschaften. Herrliche Strände, das Outback und beeindruckende Nationalparks locken – etwa der Cradle Mountain National Park.

Die tollsten Tagestrips

Ein Tag voller Abenteuer

Unternehmen Sie während Ihrer Reise doch den einen oder anderen spannenden Tagesausflug. Vor allem größere Städte bieten sich für attraktive Abstecher in die Umgebung an: Gepäck in der Unterkunft lassen und abends zurück sein – müde, aber glücklich. So werden Reisen durch Australien noch intensiver und abwechslungsreicher.

1

2

5

1 Phillip Island

Auf der kleinen Insel ist tierisch was los: ca. 20 000 Robben scharen sich an den Felsklippen, Koalas dösen in den Bäumen des Conservation Centre und Zwergpinguine watscheln abends unter Flutlicht zurück zu ihren Nestern. Penguin Parade heißt das Spektakel, und Sie nehmen dabei auf der Tribüne Platz. Wer anschließend im Dunkeln die 140 Kilometer lange Fahrt zurück nach Melbourne scheut, ist mit einer geführten Bustour (ca. 9 Std.) gut beraten. Und muss sich nicht selbst um Reservierungen bzw. Tickets kümmern.

Ab Melbourne, VIC, Tel. 03/59 51 28 00, www.penguins.org.au www.visitphillipisland.com, www.city-discovery.com

2 Snowy Mountains

Australiens höchster Punkt liegt wenig mehr als 200 km von der Hauptstadt Canberra entfernt. Also hinauf in die alpine Region, und zwar zum freundlichen Bergdorf Thredbo am Fuß des 2228 m hohen Mount Kosciuszko, um auf Schusters Rappen den Berg zu erklimmen. Hin und zurück braucht man etwa drei Stunden. Alternativ hilft ein Sessellift hinauf. Das ganze Jahr über. Denn der Winter verzaubert die Hänge in ein populäres Skigebiet.

Ab Canberra, ACT, www.snowymountains.com.au, www.thredbo.com.au, www.canberradaytours.com.au

3 Litchfield National Park

Badesachen nicht vergessen! Der erfrischende Tagesausflug bringt Sie zu den spritzigen Florence Falls mit ihren krokodilfreien (!) Süßwasser-Pools, 115 km südwestlich von Darwin. Zuvor sollten Sie sich in der staubigen, aufgeheizten Savannenlandschaft die monströsen Bauten der Magnettermiten angeschaut haben. Die gut geebnete Litchfield Park Road führt dicht an den Naturwundern vorbei.

Ab Darwin, NT, www.parksandwildlife.nt.gov.au/find/litchfield, www.litchfieldnationalpark.com

4 Tiwi Islands

Nur einen Inselhüpfer von Darwin entfernt, aber eine völlig andere Welt: Aborigines leben hier noch weitgehend traditionell – und zufrieden. „Islands of Smile" heißt die Inselgruppe auch. Lernen Sie auf Bathurst alte Handwerkstechniken kennen, trinken Sie mit den Ladies „Billy Tea" und überzeugen Sie sich im Art Centre von der Kunstfertigkeit der Tiwi-Insulaner. Ratsam ist eine organisierte Tour mit einem ansässigen Fremdenführer. Individualreisende müssen sich eine Erlaubnis besorgen.

Ab Darwin, NT, mit der Fähre oder dem Flugzeug, www.tourismtopend.com.au, www.nlc.org.au

5 West MacDonnell Ranges

Das von der Ferne recht ausgedörrt anmutende Bergland birgt Wasser und wilde Schluchten, aufgereiht wie auf einer Perlenkette: üppige Vegetation in der Simpsons Gap, verblüffende Farbenspiele am Standley Chasm, das malerische Wasserloch in der Orniston Gorge und bei Glen Helen eine Badestelle vor dramatischer Kulisse. In Alice Springs führt der Larapinta Drive in die richtige Richtung.

Ab Alice Springs, NT, www.nt.gov.au/westmacs, Emu Run Experience, Todd St., Tel. 18 00 68 72 20 oder 08/89 53 70 57, www.emurun.com.au

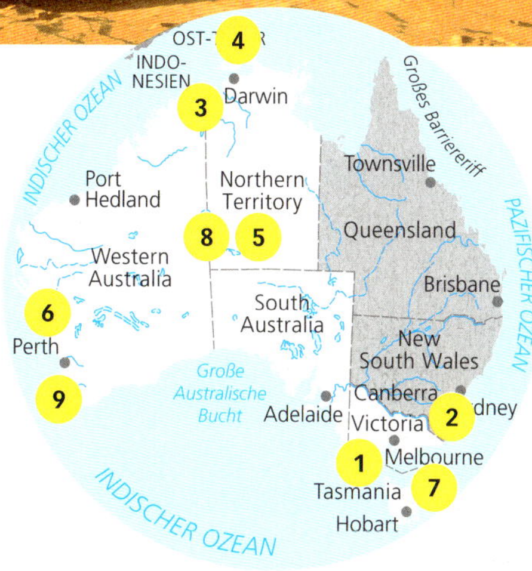

6 Nambung National Park

Besonders lohnend ist der Besuch im Frühling, wenn Wildblumenteppiche die pittoreske Wüstenlandschaft dekorieren. Aber auch sonst ist der Küstenstrich, 250 km nördlich von Perth, ein echter Hingucker mit Tausenden von verwitterten Kalksteinsäulen in der Pinnacles Desert – betörend bei Sonnenuntergang. Die Sandpiste können Sie getrost ohne 4WD befahren – die Sandstrände in der Hangover Bay und am Kangeroo Point besser nicht.

Ab Perth, WA, www.parks.dpaw.wa.gov.au/park/nambung, Adams Pinnacle Tours (Dünensurfen inkl.), Barrack St. Jetty, Tel. 13 05 55 16 87, www.australianpinnacletours.com.au

7 Ile Des Phoques

Übersetzt bedeutet der Name „Robbeninsel" – zu Recht, denn der 8 ha kleine Flecken gehört den Tieren, kein Mensch lebt hier. Wer im Rahmen einer geführten Tour mit dem Boot übersetzt, hat ein strammes Programm vor: schnorcheln, Kajak fahren, wandern, die Klippenküste mit ihren Granithöhlen und fossilen Ablagerungen erforschen, lunchen und bei der Rückfahrt noch kurz an einer einstigen Sträflingsinsel halten.

Ab Triabunna, 80 km nordöstlich von Hobart, TAS, East Coast Cruises, The Esplanade, Tel. 03 /6257 1300, www.eastcoastcruises.com.au

8 Aboriginal Cultural Tour

Lassen Sie sich von den Ureinwohnern in die Spiritualität des Red Centre einweihen. Authentischer und unmittelbarer geht´s nicht. Die neunstündige Tour nach Hermannsburg (S. 80) vermittelt Insiderwissen über Historie und Kultur der Aborigines, über ihre Naturmedizin und Felsmalereien. Und Sie probieren echtes Bush Tucker: z. B. Kängurufleisch mit Damper, über offenem Feuer gebackenes Brot.

Ab Alice Springs (NT) http://www.emurun.com.au/tours/aboriginal-cultural-full-day-tour

9 Busselton-Flinders Bay Rail Trail

Wandern, wo zwischen 1927 und 1957 eine Eisenbahn nach Busselton verkehrte: Die heute schienenlose Trasse ebnet den Weg durch einsames Busch- und über Farmland. Auch Mountainbikes sind erlaubt. Egal wie: Auf dem bis jetzt 18 km langen Pfad kommen Sie schnell und bequem voran. Den Start bzw. das Ziel fahren Busse an.

Ab Margaret River (WA) bis Cowaramup (WA), oder umgekehrt, ca. 280 km südwestlich von Perth. Fahrradmiete: Margaret River Cycles and Repairs, 16 Station Rd., Margaret River, Tel. 08 /97 58 76 71, www.bicyclenetwork.com.au. Allgemeine Infos: www.railtrails.org.au, www.margaretriver.com

Stadteleganz an aufregender Küste

Als zweitkleinster Bundesstaat Australiens zeigt Victoria mit der Metropole Melbourne überraschende Größe. Die Stadt wiederum hat – gemessen an australischen Dimensionen – eine erstaunliche Nähe zur pittoresk geformten Küste entlang der berühmten Great Ocean Road, zur Raddampfer-Romantik auf dem Murray River und auch zum Ski-Spaß an den im Winter schneebedeckten Hängen der Snowy Mountains.

Coole Architektur in sommerlicher Hitze am Federation Square in Melbourne

Das lebendige Melbourne hat viele Orte, an denen man gerne verweilt: auf Plätzen wie jenem am Royal Exhibition Building (oben rechts), vor der futuristischen Architektur des Federation Square (rechts) oder auch in einem Shoppingcenter (ganz oben).

Aus höchster Höhe hat man vom Glas-Erker im Eureka Tower einen herrlichen Blick über die Stadt Melbourne.

Melburnians haben allen Grund, ihre Besucher selbstbewusst zu empfangen.

Melbourne ist die zweitgrößte Stadt des Kontinents – nach Sydney. Was anhaltend für ein gespanntes Verhältnis zu der ewigen Erzrivalin sorgt. Dass weder Melbourne noch Sydney – trotz eifriger Bestrebungen beiderseits – als australische Hauptstadt reüssierten und schließlich eine geschichtslose Retortensiedlung namens Canberra zum Regierungssitz gekürt wurde, hat den gegenseitigen Eifersüchteleien kein Ende bereitet.

Melbourne muss man mögen

Dabei haben die Melburnians allen Grund, ihre Besucher selbstbewusst zu empfangen. Denn die Stadt hat einen ganz einzigartigen Charme: Unbändige Aussie-Lebensfreude paart sich hier mit traditionell englisch-konservativem Lebensstil. Eine interessante Mischung, die sowohl für anspruchsvolle Kultur- und Bildungsangebote als auch für kulinarische Genüsse und nächtliches Amüsement sorgt. Über 3000 Restaurants mit Speisekarten aus aller Herren Länder haben Melbourne zu Australiens Gourmet-Treff Nr. 1 gemacht. Wer Pizza, Pasta und andere italienische Spezialitäten bevorzugt, isst im Stadtteil Carlton, rund um die Lygon Street, richtig. Asiatische Küchen konzentrieren sich in Chinatown auf der Little Bourke Street – vietnamesische Restaurants allerdings ausgenommen, die haben sich auf einem Abschnitt der Victoria Street separiert.

Und auch rasante Sportereignisse gehören untrennbar zum Bild der Stadt. Wenn auf dem Flemington Racecourse im November der Startschuss zum populärsten Pferderennen Australiens, dem Melbourne Cup, fällt, hält die gesamte Nation den Atem an und lässt mancherorts sogar die Arbeit liegen.

Goldene Vergangenheit, glänzende Gegenwart

Imposante Architektur des 19. Jahrhunderts zeugt in der Innenstadt vom frühen Wohlstand der damaligen Colony of Victoria. Bereits 1849 war ein Schafhirte mit schweren Goldklumpen im Beutel in Melbourne aufgetaucht. Im Hinterland, etwa 100 Kilometer nordwestlich, habe er die Nuggets gefunden. Ein Schwarm Glücksritter wollte der Sache prompt auf den Grund gehen, wurde aber von den dortigen Viehzüchtern vertrieben. Zwei Jahre sollte es noch dauern, bis das Goldfieber vollends in Victoria ausbrach.

Im Verlauf des Jahres 1852 gingen im Hafen von Melbourne wöchentlich an die 1800 Menschen an Land. Die Bevölkerung Victorias wuchs sprunghaft, Melbourne stieg als Umschlagplatz der Goldfunde zur Finanzmetropole des Kontinents auf. Nur

In Melbourne herrscht ein harmonisches Miteinander von alter und neuer Architektur.

Ganz entspannt geht es in der australischen Metropole Melbourne zu.

Schon seit mehr als hundert Jahren begegnen sich Reisende an der Flinders Street Station.

Nur keine Hektik aufkommen lassen beim Einkauf in den Queen Victoria Markets

allzu gerne wurde der plötzliche Reichtum im Stadtbild zur Schau gestellt: Breite Boulevards, flankiert von viktorianischen Prachtbauten, monumentalen Steinfassaden und prunkvollen Kirchen markieren bis heute den rechtwinklig angelegten Grundriss im Zentrum, um den gepflegte Parks und die recht ausgedehnten Royal Botanic Gardens grünen und blühen.

Keine schlechte Idee ist es, die Stadtbesichtigung mit einer Bootsfahrt auf dem Yarra River zu beginnen. Zumindest sollte man in die ruhigen Wasser der inzwischen extravagant hergerichteten Docklands vorstoßen, wo heruntergekommene Hafenanlagen zu schicken Apartment-Komplexen mit angesagter Restaurant- und Ausgehszene gestylt werden. Vor allem an der Southbank beeindruckt die Architektur als stolze Parade gläserner Hochhäuser, mondäner Einkaufs- und Vergnügungszentren – als Kulisse zum Flanieren wie geschaffen.

Nostalgie im Hinterland

Einstige Boomtowns wie Bendigo, Castlemaine oder Creswick halten die Erinnerung an die kurzen goldreichen Zeiten beinahe genüsslich wach: Besucher können durch liebevoll restaurierte Straßenzüge lustwandeln, niedliche Museen und alte Minen besichtigen und Gerätschaften ausleihen, um selber auf Goldsuche zu gehen – tatsächlich kann man hier und da noch fündig werden. Auch Ballarat, wo 1858 der mit 62 Kilogramm zweitgrößte Nugget Australiens gefunden wurde, demonstriert nostalgischen Glanz, vor allem im Freilichtmuseum Sovereign Hill. Aber die freundliche Kleinstadt lässt dabei anschaulich ein ganz dunkles Kapitel der Vergangenheit aufgeschlagen. Denn im Jahre 1854 wurde hier ein Massenaufstand der Goldschürfer von Regierungstruppen blutig niedergeschlagen. Die Digger hatten gegen überhöhte Gebühren für Schürfrechte protestiert und sich schließlich unter ihrer Flagge („Kreuz des Südens" auf blauem Grund) im benachbarten Eureka verbarrikadiert. Bei der Trauer um die 29

Bell’s Beach ist ein Anziehungspunkt für echte Profis im Surfen.

Zählen Sie mal nach! Vielleicht hat wieder einer der „Zwölf Apostel" in der harschen Brandung des Ozeans schlappgemacht.

Jeder andere Name wäre wohl unpassend: die Balconies in den Grampians.

Brände

Special

Sommerliche Feuersbrünste

Immer wieder im Sommer: Feuerwalzen

Der erste Großbrand auf australischem Boden am 6. Februar 1851 ist als „Black Thursday" registriert. Nach Trockenperioden werden die Waldgebiete Australiens auch heute noch von verheerenden Feuern heimgesucht.

In dichter besiedelten Regionen droht stets Gefahr, dass sich die Flammen bis zu den Wohngebieten durchfressen. Im Januar und Februar 2009 erlebte Australien eine der größten Naturkatastrophen der jüngeren Geschichte. Heiße trockene Winde sowie Selbstentzündung oder Brandstiftung ließen Buschbrände außer Kontrolle geraten. Betroffen war vor allem der Südosten, wo vielerorts Temperaturen von über 40 °C gemessen worden waren. Ein Blitzschlag konnte Feuerwalzen auslösen, die mit Geschwindigkeiten von bis zu 50 km/h durch die ausgedörrte Vegetation rollten.

Toten ahnte noch niemand, dass der Aufstand zum Auftakt einer Reihe politischer und sozialer Reformen werden sollte.

Einfach großartig: Great Ocean Road

Über 300 Kilometer misst die berühmte Panorama-Route entlang der Südküste, die tollsten Ausblicke und Erlebnisse werden zwischen Anglesea und Peterborough geboten. „Serious Surfers", hartgesottene Wellenreiter, deren Fußsohlen die Boards mit Saugnäpfen zu halten scheinen und die selbst bei schlechtem Wetter und stürmischer Brise ins Wasser gehen, rühmen die Strände hier. Dann ist die Elite unter sich. Es tobt der Wind, aufschäumende Wogen krachen unaufhaltsam gegen die Kalksteinmassive: „Twelve Apostles" heißen sie. Und täuschen damit darüber hinweg, dass hier an der Küste brachiale Brandung unablässig an der Landmasse nagt. Einige der Felsen hat sie bereits zu Fall gebracht, den bisher letzten am 25. September 2009 – da waren es nur noch sieben. Alle paar Kilometer gewähren Abzweige von der streckenweise sehr kurvigen Great Ocean Road atemberaubende Ausblicke auf die zerklüftete Küstenlandschaft, die im westlichen Teil als Shipwreck Coast zweifelhaften Ruhm genießt. In der zweiten Hälfte des 19. Jahrhunderts, als an exponierten Stel-

Traditionen werden im Freilichtmuseum in Warrnambool sorgsam gepflegt.

Grasbewachsen ist das Dach des modernen New Parliament House in der australischen Hauptstadt Canberra.

Nächtliche Stille hat sich über das Flaggstaff Hill Museum in Warrnambool gesenkt, das viel über die Seefahrt zu vermitteln weiß.

Eine Bootsfahrt über den Murray River hat viel Charme und gehört einfach zum Reiseerlebnis dazu.

len noch keine Leuchtfeuer vor den gefährlichen Klippen warnten, liefen mehr als 80 Schiffe auf Grund.

Schroff: The Grampians

Fernab der Küste überragen gezackte Bergrücken die weite Ebene: eine einzigartige Natur-Oase. Am besten Sie kommen im Frühling, zwischen September und November, wenn sich zwischen felsigen Hängen Wildblumen zu einem farbenprächtigen Patchwork vereinen. Die Aborigines vom Stamm der Koori erleben das seit Jahrtausenden. Gariwerd nennen sie das unwegsame Bergland, wo zahlreiche Felsmalereien die uralte Präsenz der australischen Ureinwohner dokumentieren und heute das Brambuk Aboriginal Cultural Centre in Halls Gap Besuchern faszinierende Einblicke in Historie und Mythologie gewährt.

Lebensader Murray River

Der mit 2570 Kilometern längste Strom Australiens fließt durch den Südosten. Was in den Alpen südlich von Australiens höchstem Berg – dem Mount Kosciuszko – als erfrischend gurgelnder Gebirgsbach entspringt, mäandert im Mittellauf als Grenzfluss zwischen Victoria und New South Wales geräuschlos und trübe durch aufgeheizte Steppe. Er wird zwecks künstlicher Bewässerung mehrfach aufgestaut, um schließlich in breiten Mäandern zur Mündung in den Southern Ocean entlassen zu werden. Erst gegen Ende des 19. Jahrhunderts wurde das damals noch nicht versiegen wollende Wasserreservoir des Murray River professionell angezapft. William und George Chaffey, zwei Brüder aus Kanada, waren es, die um die heutige Kleinstadt Mildura das erste groß angelegte Bewässerungssystem schufen. Seitdem grünt und blüht es an den Ufern – dem Wüstenklima zum Trotz –, in den Vorgärten wuchern Rosenbüsche, auf den Plantagen gedeihen Zitrusfrüchte und auf Weinfeldern tragen die Reben saftige Trauben. Dazwischen lässt der Murray River seinen Charme mit nostalgischen Rundfahrten auf historischen oder nachgebauten Schaufelraddampfern (Paddle Steamer) spielen – daher auch der Beiname „Mississippi Australiens".

Der Murray River entspringt als sprudelnder Gebirgsbach.

Hauptstadtfragen

Hätte Volkes Stimme entschieden, wäre Canberra heute sicherlich nicht der Regierungssitz der Nation. Die küstenferne Stadt im einsamen und winterkalten Hochland der Great Dividing Range würde gar nicht existieren, vermutlich noch nicht einmal als unbedeutendes Provinznest langweilen. Doch die Regierenden im Jahre 1908 waren den eitlen Wettstreit zwischen Melbourne und Sydney leid und entschieden sich für eine salomonische Lösung: Knapp 2400 Quadratkilometer, weit genug entfernt von beiden schmollenden Metropolen, wurden zum Australian Capital Territory (ACT) erklärt, mit Canberra als nagelneuer Hauptstadt mittendrin.

Richtig viel Mühe gegeben hat sich der eigens aus Amerika herbeigerufene Architekt Walter Burley Griffin. Eine symmetrisch angelegte Gartenstadt hatte er im Kopf, als er am Reißbrett durch Achsen verbundene konzentrische Kreise rund um einen künstlichen See entwarf. Doch es sollte 1927 werden, bis Regierung und Parlament hier in zunächst provisorische Bauten einziehen konnten. Inzwischen macht Canberra allerdings richtig Staat mit seinen Attraktionen.

TROCKENHEIT

Mit der Dürre leben

Nach der Antarktis gilt Australien als trockenster Kontinent der Erde. In weiten Teilen im Landesinneren herrscht Wüstenklima. Und im Süden sind die Sommermonate so gut wie niederschlagsfrei. Wehe, wenn hier mal wieder eine der berüchtigten Dürreperioden über Jahre hinweg anhält.

Die letzte Trockenzeit war zugleich die bisher längste. Sieben Jahre, bis 2009, dauerte die Jahrtausenddürre an. Ein dramatischer Rekord, wie die neuzeitlichen Wetteraufzeichnungen Australiens belegen. Besonders betroffen war das Binnenland von Victoria und South Australia, aber auch an den Küsten, vor allem im Umfeld der Großstädte, kam es zu akutem Wassermangel.

Das Schlimmste ist inzwischen überstanden. Die Regierung Victorias hat längst die Rasenflächen der öffentlichen Sportanlagen wieder zum Bewässern freigegeben und in der Kleinstadt Swan Hill dürfen die Vorgärten stundenweise gesprengt werden. Von der stufenweisen Lockerung der „Water Restrictions“ profitiert auch der idyllisch am Ufer des Murray River gelegene Campingplatz. Sein Besitzer Philip Camm ist ein passionierter Hobby-Gärtner und er darf nun wieder auf saftig sprießendes Grün hoffen, nachdem der Kampf um jeden ohnehin künstlich bewässerten Grashalm schon verloren schien.

Drohende Brachflächen

Denn hier im semi-ariden Innern des Bundesstaates würde ohne „Artificial Irrigation“ überhaupt nichts sprießen, das ganze Jahr über nicht, also keinerlei Landwirtschaft und weder Obst- noch Weinbau. Ein ebenso ausgeklügeltes wie altbewährtes System der Wasserversorgung treibt seit über 100 Jahren Leben in den ausgetrockneten Boden. Als Quelle dient der Murray River. Doch selbst dem längsten Fluss Australiens geht langsam das Wasser aus. Überhaupt ist das gesamte Murray-Darling-Flusssystem dabei zu versiegen. Andererseits entfällt an die 70 Prozent des Wasserverbrauchs im Land allein auf die Landwirtschaft. „Das darf so nicht weitergehen“, mahnen Ökologen und Ökonomen. Letztere halten es angesichts der steigenden Bevölkerungszahl sogar für sinnvoll, in Zukunft Agrargüter zu importieren, statt sie zwecks Ausfuhr zu produzieren.

Wirtschaftliche Nöte

Tatsächlich hat die letzte lang anhaltende Dürre den Farmern schlimm zugesetzt. Trotz staatlicher Finanzhilfen mussten viele das Gros ihrer Tiere verkaufen, andere konnten den Ruin nicht aufhalten. In der Notlage mag mancher keinen Ausweg gesehen und Selbstmord begangen haben. Derlei Meldungen erschütterten die ganze Nation. Wie Hohn muss da in den Ohren der Farmer geklungen haben, was eine wissenschaftliche Studie befürwortet: die Umsiedlung von landwirtschaftlichen Betrieben in bisher unerschlossene Gebiete des tropischen Nordens. Dort erstrecke sich eine der größten intakten Savannenregionen der Erde, die eine „sanfte Teilerschließung“ ökologisch verkraften könne.

Doch das Problem besteht nicht nur im Agrarbereich. Noch gehört die Nation zu den größten Wasserverschwendern der Erde. Ausgerechnet in der niederschlagsarmen Region um Swan Hill kommen pro Tag 412 Liter auf jeden Einwohner. Mehr Wasser wird nirgendwo sonst in Victoria verbraucht. Im gesamten Land gibt es kaum Kläranlagen zum Recycling von Trinkwasser, auch Entsalzungsanlagen sind selten.

Die Dürre macht es den Pflanzen schwer, und Ackerbau ist ohne Wasser nicht möglich.

Die ständige Trockenheit ist ein großes Problem für den Südosten des Kontinents – er droht zu veröden.

Infos rund ums Klima

www.murrayriver.com.au
Alles über Australiens längsten Fluss

www.weatherzone.com.au
Wetterinfos, auch speziell für Surfer, Segler oder Skifahrer

www.skyweather.com.au
Das lokale Wetter wird alle zehn Minuten aktualisiert.

www.environment.gov.au
Hier äußert sich die Regierung zu Klimaveränderungen und gibt Tipps. Interessant ist auch die Seite des unabhängigen Climate Institute: www.climateinstitute.org.au.

SYDNEY
NEWCASTLE
WOLLONGONG
CANBERRA
Queanbeyan
MELBOURNE
GEELONG
Ballarat
Bendigo
Wagga Wagga
Murray River
Basin
Riverina
Australian Alps
Big Desert
Little Desert
Wimmera
Sunset Country
Tasman Sea
Bass Strait
The Twelve Apostles
Ninety Mile Beach
South Point (Southernmost point of the Australian mainland)
+9h30 Gr.Time
+10h Gr.Time
Maßstab 1:4.000.000
0
80 km

Tolle Stadt, tolles Panorama

Melbourne macht als multikulturelle Metropole Eindruck, Canberra als detailliert geplanter Regierungssitz und die Snowy Mountains als im Winter schneebedecktes Dach des Kontinents. An der Küste begeistert die Great Ocean Road mit Ausblicken auf die Twelve Apostles. „Slow down!" – Wer sich Zeit nimmt für das Landesinnere, kommt spätestens jenseits der wilden Grampians am Murray River zur Ruhe.

1 Great Ocean Road

Auf über 300 km windet sich die Panoramastraße die Südküste entlang. Surfer finden an der Küste ideale Wellen, Feinschmecker frische Meeresfrüchte, Wanderer gut geebnete Pfade durch lauschigen Regenwald und Hobby-Fotografen tolle Motive. Zum Durchhasten viel zu schade. Mindestens zwei Tage sollte man für die fantastische Route Zeit haben.

Entlang der Great Ocean Road (rechts unten) gibt es viel zu sehen, z. B. die Twelve Apostles (oben) oder saftige Regenwälder (rechts oben).

SEHENSWERT
Wie monumentale Wachtürme stehen die bis zu 65 m hohen Kalksteinfelsen der **Twelve Apostles** TOPZIEL vor der stürmischen Steilküste bei Port Campbell. Schöne Ausblicke hat man oberhalb der Loch Ard Gorge – oder von einem Helikopter aus. Meist starten diese unweit der Straße (z. B. 12 Apostles Helicopters, www.12apostleshelicopters.com.au), ca. 6 km westlich von Princetown. Der **Otway National Park** lohnt einen Abzweig in den Regenwald mit bis zu 100 m hohen Königseukalyptus, z. B. auf dem 25 m hohen und 600 m langen Otway Fly Tree Top Walk (ca. 45 Minuten von Apollo Bay entfernt, www.otwayfly.com.au) oder zur **Cape Otway Lightstation** (tgl. 9.00–17.00 Uhr) am Ende der Stichstraße.

AKTIVITÄTEN
„Melba Gully" ist wie geschaffen, sich mal die Füße zu vertreten. Durch das Tal führt ein 1,5 km langer **Rundwanderweg**. Die Zufahrt zweigt 2,5 km westlich von Lavers Hill ab. Der **Great Ocean Walk** ist einer der schönsten Trails Australiens (ca. 91 km lang, Dauer: ca. 6 Tage, www.visitgreatoceanroad.org.au). Transfers und Touren unterschiedlicher Länge bietet Walk 91 (Apollo Bay, www.walk91.com.au).

HOTELS
Direkt am Strand der Loutit Bay liegt das € € € **Mantra Lorne** (Mountjoy Parade, Lorne, Tel. 03/52 89 12 09, www.mantralorne.com.au). Die geschützte Bucht eignet sich gut zum Baden – eine Ausnahme an der Great Ocean Road, denn Brandung und Strömung können tückisch sein. Ca. 270 Zimmer und Apartments. Gästezimmer in der € € / € € € **Cape Otway Lightstation,** z. T. im renovierten Haus (Tel. 03/ 52 37 92 40, www.lightstation.com). Unbedingt weit im Voraus reservieren!

UMGEBUNG
Nahe der Mündung der Great Ocean Road in die A1 kann man im **Flagstaff Hill Maritime Village,** einem Freilichtmuseum in Warrnambool, Handwerkern bei der Arbeit zuschauen und restaurierte Schiffe bewundern (tgl.).
Der **Grampians National Park** TOPZIEL, etwa 140 km landeinwärts, schützt die einzigartige Natur der wild zerklüfteten Bergregion sowie das kulturelle Erbe der Ureinwohner. Vom kleinen touristischen Zentrum **Halls Gap** gelangt man zu einsamen Wanderrouten und

Tipp

Grusel-Garantie

Lange Zeit haben die dicken Mauern des Old Melbourne Gaol die Schreie der zum Tode Verurteilten erstickt. Eher schweigsam gehen heutzutage die Besucher durch die düsteren Gänge und kargen Zellen der ehemaligen kolonialen Strafanstalt und stehen beinahe andächtig vor dem Hinrichtungsort von Ned Kelly, der trotz seiner Verbrechen in der zweiten Hälfte des 19. Jh.s als verklärter Volksheld lebendig bleibt. Besucher, die weder Tod noch Teufel fürchten, schließen sich bei Kerzenlicht der **Hangman's Night Tour** an und lassen sich traurige Geschichten von jammervollen Schicksalen erzählen.

INFORMATION
377 Russell St., tgl. 9.30–17.00, Nachttouren ab 20.30 Uhr, Ticketreservierung: www.oldmelbournegaol.com.au

spektakulären Aussichtspunkten wie **The Balconies.** Am südlichen Ortsrand vermittelt das **Brambuk Cultural Centre** mit seinem Gariwerd Dreaming Theatre Mythisches aus der Traumzeit und serviert im angeschlossenen Restaurant Bush Tucker Krokodil- und Känguru-Fleisch (Grampians Rd., tgl. 9.00–17.00 Uhr).

INFORMATION
Touristenbüros gibt es entlang der Great Ocean Road in den wichtigen Touristenorten wie Port Campbell, Apollo Bay und Lorne; www.greatoceanroad.com.au.

2 Melbourne

Die zweitgrößte Stadt Australiens ist Victorias Regierungssitz. Im Gegensatz zu anderen Städten erwuchs **Melbourne** nicht aus einem Sträflingslager, sondern wurde als großzügige Siedlung am Yarra River geplant. Als sie 1837 zu Ehren des britischen Premierministers William Lamb, Second Viscount Melbourne, ihren Namen erhielt, lebten bereits um die 10 000 Menschen hier. Goldfunde im Hinterland machten Melbourne reich, berühmt und groß. Wer Mitte des 19. Jhs. nach Australien auswanderte, hatte meist eine Passage nach Melbourne gebucht.

Tipp

Wolle im Wandel

Ohne Schafe und deren wolliges Haarkleid hätte das moderne Australien kaum einen Fuß in den Weltmarkt setzen können. Zumindest im 19. Jh. nicht, als Geelong (ca. 73 km südöstl. von Melbourne) zum Wollzentrum aufstieg. Heute hat der alte Wollspeicher der Küstenstadt aus dem Jahre 1872 ausgedient, macht aber Platz für fesselnde Ausstellungen rund um die australische Wollproduktion im Wandel der Zeit. Das National Wool Museum ist einzigartig auf dem Kontinent.

NATIONAL WOOL MUSEUM
Geelong, 26 Moorabool St.,
Tel. 03/52 27 07 01,
www.nwm.vic.gov.au

Melbournes Skyline macht mächtig Eindruck.

STADTRUNDGANG
Die **Innenstadt** TOPZIEL lässt sich bequem zu Fuß erobern. Dank der rechtwinklig angelegten Straßen fällt die Orientierung leicht. Vorausgesetzt, man weiß, dass parallel zu einigen Hauptstraßen die als „Little" ausgewiesenen schmalen Straßen desselben Namens verlaufen. Wer sich schonen will, hüpft in die kostenlose **City Circle Tram** (tgl. 9.00–21.30 Uhr, www.yarratrams.com.au). Und wer mit dem Auto kommt, muss der Straßenbahn Platz machen, wenn Schilder „Right Turn from Left Only" (rechts abbiegen nur von der linken Fahrspur) anweisen.

SEHENSWERT
Östlich der City bringen die **Royal Botanic Gardens** mit ca. 12 000 Pflanzenarten gepflegte Natur in die Stadt. Ein toller Park, der übergeht in das Grün der Kings Domain, wo der **Shrine of Remembrance** (tgl. 10.00–17.00 Uhr) im Gedenken an die Kriegsopfer aufgetürmt wurde und dessen Plattform eine herrliche Aussicht auf die Stadt bietet. Noch weiter blicken lässt das 297 m hohe **Eureka Skydeck 88** (Southbank, Riverside Quay) vom Sky Deck im 88. Stock mit tollem Glas-Erker (www.eurekaskydeck. com.au; Observation Deck 10.00–22.00 Uhr), der den ca. 40 m niedrigeren **Rialto Towers** (525 Collins St.) klar den Rang abgelaufen hat. Westlich gewährt das 1856 erbaute Parliament House Einblicke in die Politik des Bundesstaates (Spring St., Mo.–Fr. kostenlose Touren, www.parliament.vic.gov.au). Das Open-Air-Kino mit Rooftop Bar (Tel. 03/96 54 53 94, www.rooftopcinema.com.au, Tickets reservieren!) im **Curtin House** (252 Swanston Street) präsentiert über den Dächern anspruchsvolle Filme.

MUSEEN
Das **Melbourne Museum** TOPZIEL mit modern arrangierten Ausstellungen zu Historie, Natur und Gesellschaft ist ein Muss. Aborigines haben an der beachtlichen Bunjilaka Gallery mitgewirkt (Carlton Gardens). Im alten Zollamt (Old Customs House) hält das **Immigration Museum** Erinnerungen an frühe Einwanderer wach (400 Flinders St.; beide Museen: www.museumvictoria.com.au, tgl.10.00–17.00 Uhr).

AKTIVITÄTEN
Bei **Flussrundfahrten** lassen sich die Ufer der Stadt vom Yarra River aus erleben, etwa an Bord der MV Melba Star, die ab Berth C, Southbank Melbourne, bzw. ab Princes Bridge (nahe Federation Square) startet. Reservierung: Tel. 03/9650 2214, www.cityrivercruises.com.au. Alternativen sind **Rundfahrten** mit Melbourne River Cruises, ab Berth 5, Southbank Promenade, Tel. 03/ 86 10 26 00, www.melbcruises.com.au.

HOTELS
Im **€ € Mantra on Little Bourke** (471 Little Bourke St., Tel. 03/96 07 30 00, www.mantra.com.au) übernachtet man zentral in Suiten mit großzügigen Bädern. 150 Suiten. Im Herzen der City ist **€ The Victoria Hotel Ibis Styles** (215 Little Collins St., Tel. 03/96 69 00 00, www. victoriahotel.com.au) gelegen. 60 Zimmer.

RESTAURANT
Das **€ / € € Cookie** (Tel. 03/ 96 63 76 60) serviert im ersten Stock des Curtin House eine exzellente Thai-Küche.

AUSFLÜGE
Mit dem Auto sind es etwa 90 Minuten bis **Phillip Island** im Südosten Melbournes. Am Südwestzipfel der Insel sind Robben („seals") zu beobachten (Nobbies Marine Centre; Touren unternimmt **Wildlife Cruises,** www.wildlifecoastcruises. com.au) – und im Inselinneren, im **Koala Conservation Centre,** Koalas (Ecke Tourist/Harbison Rd., tgl.).

INFORMATION
Melbourne Visitor Centre: Federation Square, Tel. 03/96 58 96 58, www.visitmelbourne.com/de. Zum Info-Center gehört auch „Best of Souvenirs" mit guten Landkarten und Buchungsmöglichkeiten. Einen aktuellen Insiders' Guide hält die Stadt für das Smartphone bereit: http://m.visitvictoria.com. Über den öffentlichen Nahverkehr informiert www.metlinkmelbourne.com.au. Der Melbourne Greeter Service organisiert einen kostenlosen mehrstündigen City Walk für bis zu vier Personen auch in

Goldfunde im Hinterland machten Melbourne reich, berühmt und groß.

deutscher Sprache (Buchung bis 24 Std. vorher: Tel. 03/9658 9658. Start am Federation Square); www.thatsmelbourne.com.au und www.deutscheinmelbourne.net.

3 Goldfields

Die einstigen Boomtowns im Hinterland Victorias überzeugen mit eleganter viktorianischer Architektur.

SEHENSWERT

So auch **Bendigo** (ca. 134 km nördl.), wo die Central Deborah Gold Mine Besucher tief in die stillgelegten Stollen lässt (Ecke High/Violet St.). Oder **Ballarat** (ca. 114 km westl.), wo eine komplette Goldgräbersiedlung als Sovereign Hill nachgebaut wurde (Bradshow St., tgl. ab 10.00 Uhr). Abends wird hier die Light & Sound Show „Blood on the Southern Cross" gezeigt.

INFORMATION

Informationen zum gesamten Bundesstaat Victoria findet man unter: www.visitvictoria.com.

4 Canberra

Auf dem Dach des New Parliament House stehend, liegt einem die Hauptstadt zu Füßen. Der Capital Hill ist eigentlich eine Stadt für sich mit Regierungsbauten, überbreiten Avenues und Parkplätzen sowie Botschaftsvierteln. Jenseits des Lake Burley Griffin gehört Canberra den Bürgern, mit Mall und Parks am Seeufer.

SEHENSWERT

Wie ein riesiger Dachsbau unterhöhlt das **New Parliament House** den Capital Hill. Wer die Sicherheitskontrollen hinter sich hat, darf durch die großzügigen, extravaganten Räume des 1988 fertiggestellten Abgeordnetenhauses wandeln und hinauf zur Aussicht auf dem Grasdach fahren (Parliament Dr., tgl. 9.00 bis 17.00 Uhr, Führungen alle 30 Min, www.aph.gov.au). Das **Old Parliament House** von 1927, ca. 1000 m entfernt, demonstriert mit in Holz und Leder gehaltenem Interieur alte Traditionen (King George Tce., tgl. 9.00–17.00 Uhr, Führungen, www.moadoph.gov.au).

MUSEEN

Das **National Museum of Australia** gilt als Prachtexemplar einer ganz neuen Museumspädagogik: unterhaltsam, abwechslungsreich, animierend und lehrreich für Alt und Jung (Lawson Cres., Acton Peninsula, tgl. 9.00–17.00 Uhr, www.nma.gov.au). Am Südufer des Lake Burley Griffin beeindrucken Bau, Exponate und Skulpturengarten der **National Gallery of Australia** (www.nga.gov.au, 10.00–17.00 Uhr).

INFORMATION

Visitor Centre Canberra, 330 Northbourne Ave., Canberra, Tel. 02/6205 0044, www.visitcanberra.com.au, www.canberraconnect.act.gov.au

Genießen Erleben Erfahren

DuMont Aktiv

Top Surf Spot

Ein Surf Board auf dem Autodach oder unterm Arm gehört in und um Torquay zum guten Ton. Ohne muss man sich merkwürdig vorkommen, denn Surfen ist hier im Osten der Great Ocean Road Lifestyle total. Vor allem junge Leute frönen der unkonventionellen Lebensart, bevölkern sonnengebräunt, mit Rasta-Locken und im trendigen Outfit die Strände.

Bells Beach is the place to be, darin sind sich die Surfies auf dem Kontinent einig. Und deshalb ist das nahe Seebad Torquay so etwas wie die „Surfer Capital of Australia". Denn sie kommen aus allen Teilen des Landes hierher, selbst aus Übersee: aus Neuseeland, aber auch aus Europa, Amerika oder von sonst wo.

Die wogende See wird manchmal stundenlang beobachtet, bis der perfekte „break" rasante Ritte über den Wellenkamm zulässt. Dann nichts wie rein ins nasse Vergnügen! Eine ganze Reihe von Ideal-Breaks gibt es zwischen Jan Juc und Bells Beach. Auch Anfängern bietet der Küstenabschnitt gute Bedingungen, allerdings sollten diese es weiter westlich versuchen, bei Anglesea, Airey's Inlet und Fairhaven. Dann heißt es etwa bei der Torquay Surfing Academy eine Komplettausstattung leihen und mit dem Privatlehrer an den Strand. Recht schnell lernt man das Gleichgewicht auf dem Brett zu halten – und den Wogen zu vertrauen.

Weitere Informationen

Surfkurse:
Torquay Surfing Academy, www.torquaysurf.com.au
(2 Std., ca. 180 A$ / max. acht Pers./Kurs)
Surf World, www.surfworld.com.au

Bei schlechtem Wettern laden Torquays gut sortierte Surf Shops zum Bummeln ein, oder man besucht „Surf World", das weltweit größte Museum seiner Art (tgl. 9.00–17.00 Uhr).

Geschickt reiten die Surfer bei Torquay über die riesigen Wellen.

Inselidylle in reinster Luft

Der kleine Bundesstaat südlich des Festlands wartet mit reinster Luft und sauberstem Wasser auf. Tatsächlich schmecken die Fische hier unglaublich frisch und Wanderer können in den Nationalparks tief durchatmen. Das zu kolonialer Zeit als Vorhölle berüchtigte Sträflingslager in Port Arthur gehört heute zum UNESCO-Welterbe, die Inselhauptstadt Hobart bezaubert mit ihrem Hafen sowie Traumstränden an der Ostseite. In der unberührten Wildnis findet man das größte Naturschutzgebiet Australiens mit einem der letzten gemäßigten Regenwälder der Erde.

Der Sonnenuntergang taucht die Honeymoon Bay (Freycinet National Park) in zauberhaftes Licht.

Alter, gut erhaltener Baubestand in Launceston,
der zweitältesten Stadt Tasmaniens

Wer nicht das Boot nimmt, wandert über die Hängebrücke der Cataract Gorge.

Von Launceston ist es nicht weit in die aufregende Landschaft des Cradle Mountain – Lake St. Clair National Park.

So bleibt die wunderschöne Insel, deren landschaftliche Vielfalt verblüfft, vom Massentourismus weithin verschont.

Wir mögen nahe am Ende der Welt leben, aber deshalb noch lange nicht hinter dem Mond." Die Tassies, wie sich die knapp 520 000 Insulaner nennen, leiden seit jeher unter dem Stigma, auf einem wenig beachteten Ableger des Kontinents gelandet zu sein. Bis zum Ende der letzten Eiszeit vor ca. 12 000 Jahren gab es noch eine Landbrücke zum Festland. Dann flutete der ansteigende Meeresspiegel die etwa 250 Kilometer breite Bass Strait, einzig das Bergland im äußersten Süden blieb über Wasser: Tasmanien.

Die meisten Australienbesucher, unterwegs auf den Hauptreiserouten, lassen Tasmanien links liegen. Pech für sie, Glück für die wenigen, die den Sprung über die meist raue, aufgepeitschte Bass Strait wagen. Denn so bleibt die wunderschöne Insel, deren landschaftliche Vielfalt verblüfft, vom Massentourismus weithin verschont.

Außer Trockengebieten gibt es hier eigentlich fast alles: alpine Bergmassive, hügeliges Weideland, Urwälder, Moore, Flusstäler, Steilküsten, Fjorde und paradiesische Sandstrände, wie in der Bay of Fires im dünn besiedelten Nordosten, wo türkisblaues Meer auf weißen Sand trifft. Dabei sind die Entfernungen gering, gemessen an den endlos erscheinenden Distanzen auf dem australischen Festland. Von den Städten Hobart oder auch Launceston ist es jeweils nur eine Autostunde in die einsame Natur: hin zu den Stränden oder auf verschlungene Wanderpfade wie den Overland Track.

Hafenstadt mit Historie

Einmal im Jahr steht die behagliche Inselmetropole Kopf: immer im Hochsommer, Anfang Januar, wenn die pfeilschnellen Segelboote des viel beachteten „Sydney-to-Hobart Yacht Race" am Constitution Dock ins Ziel einlaufen, während zeitgleich zwei Volksfeste, nämlich das Taste of Tasmania und das Hobart Summer Festival, die Menschen in das hübsche Hafenviertel an der Sullivans Cove locken. Liebevoll und akkurat wurde die historische Keimzelle Hobarts erhalten – ob am Salamanca Place mit seinen stattlichen Lagerhäusern, am Battery Point oder auf dem Parliament Square. Über 90 Gebäude sind als „historisch wertvoll" registriert. „Für einen Rundgang durch die Innenstadt müssen Sie sich mindestens einen halben Tag Zeit nehmen!", heißt es – und das nicht ohne Grund: Die Dame im Visitor Information Centre kennt nämlich die Fallstricke jeder Stadtbesichtigung und weiß, wie viele einladende Cafés und Gasthäuser, originelle Läden und attraktive Galerien einen unterwegs aufhalten können.

Immer am Wasser entlang geht es in Richtung von Hobarts Zentrum (oben), die Tasman Bridge verbindet die Ufer des Derwent River (rechts).

Abgeschirmt von Höhenzügen erstreckt sich der schöne Hafen von Hobart.

Bunt ist das Leben am Salamanca Place in Hobart.

Special

Tasmanischer Teufel

Gefährdetes Beuteltier

Als der Tasmanische Tiger, einst das größte fleischfressende Beuteltier Australiens, ausgerottet war, kam jede Reue zu spät. Versuche, den Beutelwolf durch Klonen wiederzubeleben, scheiterten.

Ein solches Schicksal soll dem kleineren Beutelteufel – besser bekannt als Tasmanischer Teufel – erspart bleiben. Wird das ca. 70 Zentimeter lange, kohlrabenschwarze Tier wütend, bleckt es die Zähne und die Ohren leuchten feuerrot. Das ist aber auch das einzig Erschreckende an dem putzigen Beutelteufel, der nur noch auf Tasmanien vorkommt. Doch immer mehr der Tiere, deren Zahl heute auf unter 100 000 geschätzt wird, erkranken an einem tödlichen Gesichtskrebs, der ansteckend ist. Damit die Art nicht ausstirbt, werden seit Jahren gesunde Tiere zwecks Züchtung an ausländische Zoos vergeben. In Europa sind Tasmanische Teufel derzeit nur im Kopenhagener Zoo zu sehen. Dort begann das Zuchtprogramm 2006 mit vier Beutelteufeln, die zur Geburt des dänischen Prinzen Christian – seine Mutter stammt aus Tasmanien – verschenkt wurden. Auf dem Festland war der Beutelteufel bis ins 14. Jahrhundert heimisch. Beinahe wäre er damals von Siedlern ausgerottet worden, die das nachtaktive Tier als Bedrohung für ihr Vieh betrachteten. Erst 1941 wurde er unter Schutz gestellt.

Unter Schutz: der Beutelteufel

Fernab von der Gesellschaft

Auf der Suche nach Gewahrsam für die schlimmsten Verbrecher wurde das koloniale England 1830 ausgerechnet auf der malerischen Tasman Peninsula fündig. Der exponierte Platz war nur durch eine schmale Landenge, Eaglehawk Neck genannt, mit dem Rest der Insel verbunden. Port Arthur schien von der Natur wie geschaffen für ein ausbruchssicheres Sträflingslager.

Wenn heute der Wind durch die steinernen Ruinen der Gefängnisanlage pfeift, meint man, die wimmernden Klagelaute der geschundenen, oft zu lebenslanger Zwangsarbeit verurteilten Häftlinge zu hören. Wer die Geister nicht fürchtet, besucht den Friedhof auf der Isle of the Dead. Oder man schließt sich der nächtlichen Historic Ghost Tour an, schaurige Schattenspiele und Gruselgeschichten inklusive. 1853 beendeten die Briten offiziell die Deportationen nach Australien, doch in Port Arthur kamen die letzten Zwangsarbeiter erst 24 Jahre später frei. Als Zeitzeuge hat sich der in England geborene und in Melbourne gestorbene Schriftsteller Marcus Clarke mit dem grausamen System der Sträflingslager auseinandergesetzt. Herausgekommen ist der ergreifende Roman „Lebenslänglich" („His Nature Life"), der sich um das Schicksal entflohener Häftlinge dreht.

Die Cradle Mountain Lodge, eingebettet in wunderbare Natur, bietet auch Annehmlichkeiten wie ein Spa.

Über Schotterwege geht es am See entlang und dann hinauf in die Berge des Cradle Mountain – St. Clair Nationalpark.

Das einstige Sträflingslager Port Arthur war so gut wie von der Welt abgeschnitten.

Die tasmanische Natur scheint mit sich im Reinen zu sein.

Doch das größte Unrecht wurde im traurigsten Kapitel tasmanischer Geschichte den Ureinwohnern angetan. Von den ca. 5000 auf der Insel lebenden Aborigines überlebte niemand die eingeschleppten Krankheiten und die Übergriffe englischer Truppen und weißer Siedler. Eine als charismatisch beschriebene Aborigine namens Truganini gilt als letzte Angehörige ihres Volkes. Sie starb am 8. Mai 1876.

Pro Naturschutz

Kein Wunder, dass der australische Umweltschutz auf Tasmanien seine rebellischen Anfänge nahm: In den 1980er-Jahren galt es, in bereits ausgewiesenem Naturschutzgebiet den Bau eines Staudamms am Unterlauf des Franklin River zu verhindern. Aus den erfolgreich verlaufenden Protestaktionen ist die australische Umweltschutzpartei The Greens hervorgegangen, die bis heute auf vehemente Ablehnung der meisten Farmer und, mehr noch, der einflussreichen Holzindustrie stößt. Übrigens dürfen die Landwirte auf der Insel – als einzige der südlichen Hemisphäre – Opium („opium poppies") zu medizinischen Zwecken anbauen. Die Felder mit den roten und weißen Mohnblüten finden sich im Nordwesten.

Nach dem Rodungswahn in Pioniertagen scheint die tasmanische Natur inzwischen wieder mit sich im Reinen zu sein: Die Hälfte der Fläche ist bewaldet, über ein Viertel steht unter Schutz – und ein Teil des alpinen Cradle Mountain – Lake St. Clair National Park gehört sogar zum UNESCO-Welterbe. In der von eiszeitlichen Gletschern geformten Wildnis haben sich auch zahlreiche, nur auf Tasmanien beheimatete Pflanzen gehalten, etwa eine über 9 Meter hohe Heide-Art (Richea), im Aussehen der Yucca-Palme ähnlich. Und das Konterfei des Beutelwolfs (Tasmanischen Tigers) – der letzte starb 1936 im Zoo von Hobart – blickt dem Reisenden überall entgegen: von Autonummernschildern, Münzen oder Bierdosen.

Gaumenfreuden

Tasmaniens Nordosten rühmt sich, mit die delikatesten Meeresfrüchte in ganz Australien auf den Tisch zu zaubern: Garnelen aus kaltem Küstenwasser, fleischige Jakobsmuscheln, zarte Flundern und kinderfaustgroße Abalonen (Meeresschnecken). Die Kanadierin Kim Seagram betreibt heute mit ihrem Mann das Stillwater River Café und weiß deshalb, wie Tasmanien auf der Zunge zergeht: „Die Zutaten und der Wein hier lassen uns wie Könige speisen, ohne dass es ein Vermögen kostet." Und 17 Weingüter produzieren im nahen Tamar Valley respektable Tropfen – dem Mikroklima sei Dank.

PUBS IN AUSTRALIEN

Nur kein „Sissy" sein …

Pubs gewähren stets einen guten Einblick in das Leben der jeweiligen Ortschaft, heißt es in Australien. Hier treffen sich Einheimische und Gäste, echte Kerle (mates) und Weichlinge (sissies).

Echte Kerle lieben kühles Bier – und trinken es natürlich stilecht direkt aus der Dose.

Im 19. Jahrhundert war die Kneipe oft die erste öffentliche Baumaßnahme einer neuen Siedlung – manchmal noch vor der Kirche. Häufig gehörte ein kleiner Kolonialwarenladen dazu sowie einfache Fremdenzimmer, weshalb australische Gaststätten bis heute weit verbreitet als „Hotel" geführt werden, obwohl meist längst kein Übernachtungsbetrieb mehr angeschlossen ist.

Ob in der stilvollen Kneipen- und Restaurantszene wie in Fremantle (oben) oder der etwas bodenständigeren Variante an einem Ort in der Weite des Landes – es geht gesellig zu in der Szene.

Strenge Gesetze – lose Sitten

Nicht überall wurde so hemmungslos Alkohol konsumiert wie in den berüchtigten Goldgräbersiedlungen, doch den Aussies eilt bis heute – nicht zu Unrecht – der Ruf als trinkfeste Zeitgenossen voraus. Dazu beigetragen haben sicherlich die von den Engländern übernommenen Trinkgewohnheiten und Alkoholvorschriften, die letztendlich nicht der Abstinenz dienten, sondern eher zu Exzessen führten. Wie beim berüchtigten „six o'clock swill": Bis zur Sperrstunde um 18.00 Uhr blieb den Arbeitern gerade mal eine Stunde zum Kneipenbesuch, also floss das Bier in Strömen. Erst von 1955 an durften die Wirte länger ausschenken. Damit gipfelte kollektiver Alkoholmissbrauch vor allem am Wochenende im sogenannten „pub crawl", wobei Angetrunkene in grölenden Gruppen von Lokal zu Lokal zogen. Das hatte zwar ein Ende, seitdem Alkohol selbst in Supermärkten zu haben ist. Doch an den ausschweifenden „friday nights" halten gerade die jüngeren Australier fest. Dann endet der Kneipenbesuch, insbesondere in ländlichen Gegenden, gerne mal mit Randale oder einer handfesten Schlägerei zwischen alkoholisierten Gästen.

Nur für Männer?

Die Bezeichnung Pub – kurz für Public Bar oder Public House – täuscht darüber hinweg, dass traditionell und per Gesetz der Zutritt nur männlichen Gästen gestattet war – und zwar bis in die 1970er-Jahre hinein. So lange mussten Frauen in der für sie reservierten „Ladies' Lounge" nebenan Platz nehmen. Sie durften selbst keinen Alkohol am Tresen ordern, aber seit jeher als Bedienung dahinter arbeiten. Mit eben dieser Doppelmoral hat sich Generationen später die feministische Schriftstellerin Clare Wright in ihrem 2003 erschienen Buch „Beyond the Ladies Lounge" (Melbourne University Publishing, 2003) eingehend auseinandergesetzt und herausgefunden, dass Barfrauen gar nicht so schlecht dran waren und gerade in viktorianischer Zeit unabhängiger und selbstbestimmter leben konnten als die meisten ihrer Geschlechtsgenossinnen. Noch heute hat die traditionelle Männerdomäne ihre ganz eigenen Rituale: Getränke werden an der Theke bestellt und prompt bezahlt, Bier wird eiskalt in der Flasche serviert und auch daraus getrunken.

Im Pub ordert man Getränke und Essen an der Bar, es wird auch gleich dort bezahlt.

Wer zusätzlich zu Flasche oder Dose ein Glas ordert, gilt vor allem in ländlichen Kneipen übrigens schnell als „sissy" (Weichling).

Rum-reiche Vergangenheit

Die Erfolgsgeschichte des australischen Bieres begann früh, praktisch mit der Entdeckung des Kontinents durch Captain James Cook. Der englische Seefahrer führte auf seinen langen Reisen stets alle notwendigen Zutaten zum Bierbrauen mit – auch für den Fall, dass die Trinkwasser-Reserven an Bord ungenießbar wurden. Doch bevor die Australier vollends auf den Bier-Geschmack kamen, floss in den Anfängen der Kolonie reichlich Rum die Kehlen hinunter, und zwar mehr als Sträflingen und Siedlern guttat. Der aus Zuckerrohr gebrannte Schnaps war damals so begehrt, dass er als eine Art inoffizielle Währung gehandelt wurde. Alkoholismus war bald sehr weit verbreitet, und die Behörden warnten bereits um 1800 vor dem exzessiven Konsum der hochprozentigen Destillate und forderten zum Biertrinken auf – Gebrautes als gesündere Alternative zu Gebranntem. Ein Mann namens John Boston gilt als der erste eingetragene Bierbrauer auf dem Kontinent, er hat sein Bier aus indischem Mais gebraut. Eine der ersten Brauereien, die Cascade Brewery auf Tasmanien, produziert seit 1824, sie ist die älteste Brauerei Australiens.

Mittlerweile haben Pubs übrigens auch ordentliche Weine auf der Karte stehen. Gern getrunken wird vor allem preiswerter „cask wine" (Fasswein), der per Schlauch ins Glas kommt.

Kleines Pub-Sprachlexikon

watering hole – populäre Kneipe im Ort
stubby – handliche Flasche Bier mit 375 ml Inhalt, nur „sissies" (Weichlinge) trinken aus dem Glas
tinnie – Bierdose, die ebenfalls ohne Glas auskommt (s. o.)
jug – Bierkrug mit 1,14 l Inhalt für mehrere „mates" (Kerle)
pint – die 0,57 l Bier schafft ein „mate" problemlos allein
half pint – 0,28 l genügen wiederum allenfalls sissies (s. o.)
draught – Bier vom Fass
lager – helles Bier
stout – Schwarzbier
coldie – ein Bier noch kälter als eiskalt
shandy – Mixgetränk aus Bier und Limonade, einst üblich in der Ladies' Lounge (s. o.)

Auch vor Kneipen macht der Wandel des Lifestyles nicht halt: Chrom und ein modernes Beleuchtungskonzept tauchen die Bar in ein kühles Ambiente.

MELBOURNE
GEELONG
Ballarat
Launceston
HOBART
Bass Strait
Tasman Sea
Tasmania
Austr alia
King I.
Yambacoona
Cape Wickham
Currie
Grassy
Stokes Pt.
Flinders I.
Palana
Whitemark
Lady Barron
Furneaux Group
Strzelecki Nat. P.
Mount Munro
Cape Barren Island
Clarke I.
Banks Strait
Cape Portland
Three Hummock I.
Three Humm. I. Nat. Res.
Hunter I.
Robbins I.
Woolnorth Pt.
Stanley
Circular Head
Smithton
Marrawah
West Pt.
Bass Hwy.
Wynyard
Burnie-Somerset
Penguin
Yolla
Ulverstone
Devonport
Latrobe
Sheffield
Ilfraville
George Town
Bridport
Scottsdale
Lilydale
Gladstone
Derby
Cape Naturaliste
Mt. William Nat. P.
St. Helens
Tasman Hwy.
Ben Lomond N.P.
Ben Lomond
St Marys
Fingal
Douglas-Apsley Nat. Park
Avoca
Campbell Town
Bicheno
Freycinet Pen.
C. Forestier
Freycinet Nat. P.
Schouten I.
Swansea
Triabunna
Darlington
Maria I.
Maria I. Nat. Park
Dunalley
Coal Mines
Tasman Pen.
Port Arthur
Nubeena
Sorell
Richardson Pt.
Balfour
Savage River Nat. P.
Waratah
Mt. Norfolk
Savage River
Corinna
Cradle Valley
Cradle Mtn.-L. St.Clair Nat.P.
Mt. Ossa
Rosebery
Pieman Riv.
Zeehan
Queenstown
Strahan
Copper Mines
Macquarie Harbour
Walls of Jerusalem Nat. P.
Deloraine
Longford
Perth
"Brickendon-Woolmers"
Poatina
Great L.
Oatlands
Tarraleah
Bothwell
Kempton
Hamilton
Bridgewater
Glenorchy
New Norfolk
Mt. Field Nat. P.
Maydena
Mt. Anne
Kingston
Huonville-Ranelagh
Geeveston
Woodbridge
Dover
Southport
Bruny I.
Storm Bay
Lighthouse (1836)
Tasman Head
Hist. Railway
South East Cape
South West Cape
Maatsuyker Group
Franklin Gordon Wild Rivers Nat.P.
L. Gordon
L. Pedder
Southwest Nat. P.
Southwest Cons. Area
Strathgordon
Pillinger
Pt. Hibbs
Low Rocky Pt.
Tasmanian Wilderness
Tamar Riv.
Mersey Riv.
Derwent
Hogan Group
Kent Group
South Point
(Southernmost point of the Australian mainland)
Wilsons Promontory Nat. P.
Tidal River
Snake I.
Corner Inlet
Port Welshpool
Port Albert
Walkerville
Cape Liptrap
Inverloch
Wonthaggi
Phillip I.
French I. Nat. P.
Korumburra
Foster
Yarram
Ninety Mile Beach
Seaspray
Sale
Traralgon
Morwell
Moe-Yallourn
Warragul
Pakenham
Dandenong
Cranbourne
Koo Wee Rup
Hastings
Sorrento
Queenscliff
Port Phillip Bay
Ocean Grove
Torquay
Anglesea
Lorne
Apollo Bay
Gr. Otway Nat. P.
Cape Otway
Lighthouse (1848)
Otway Fly
Surfing Beaches
Winchelsea
Colac
Forrest
Inverleigh
Lara
Werribee
Melton
Sunbury
Bacchus Marsh
Meredith
Lismore
Skipton
Beaufort
Creswick
Daylesford
Kyneton
Gisborne
Kilmore
Seymour
Castlemaine
Maldon
Maryborough
Waubra
Harcourt
Broadford
Yea
Alexandra
Eildon
Mansfield
Mt. Buller
Jamieson
Whittlesea
Craigieburn
Healesville
Warburton
Yarra Ranges Nat. P.
Kinglake Nat. P.
Baw Baw Nat. P.
Mt. Baw Baw
Thomson Dam
Erica
Neerim South
Heyfield
Mount Tamboritha
Alpine National Park
Dargo
Mitchell River Nat. P.
Bairnsdale
Paynesville
Loch Sport
Lakes Entrance
The Lakes Nat.P.
Swifts Creek
Omeo
Buchan
Buchan Caves
Orbost
Marlo
Snowy River Nat. P.
Errinundra Nat. P.
Bonang
Rockton
Cann River
Coopracambra Nat. P.
Genoa
Mallacoota
Croajingolong Nat. P.
Pt. Hicks
Rame Head
Princess Hwy.
Maßstab 1:3.000.000
0
80 km

Das Kleinod des Kontinents

Im Südwesten der Insel reicht weite, waldreiche Wildnis bis an die unzugängliche Küste. Bergwanderer kommen im Cradle Mountain – Lake St. Clair National Park auf ihre Kosten, Strandläufer in den sandigen Buchten an der Ostseite. Dazwischen liegt Hobart an einem der schönsten Naturhäfen der Welt.

1 Hobart

Rund 200 000 Menschen leben in der Stadt am Fuß des Mt. Wellington, beinahe die Hälfte aller Tassies. Als zweitälteste Ansiedlung Australiens kann Hobart kapitale Baudenkmäler und eine ereignisreiche Historie vorweisen. Die Gegenwart verwöhnt mit schicken Cafés, guten Restaurants und angesagten Bars. Heute kaum vorstellbar, dass dieses schöne Fleckchen am Derwent River im Empire des 19. Jhs. zur Verbannung von Sträflingen missbraucht wurde. Gleichzeitig wurde die Ansiedlung zu einem bedeutsamen Hafen für Walfänger.

SEHENSWERT

Ursprünglich befand sich am **Battery Point** ein Munitionslager. Doch bald bevölkerten Fischer, Kaufleute und Handwerker die Hanglage mit Blick auf den Fluss. Das historische, gepflegte Viertel mit seinen geduckten Häusern unter Gaslaternen spiegelt die Verhältnisse im frühen 19. Jh. wider. Ein Rundgang sollte auch in die urigen Räume traditioneller Gasthäuser wie „Shipwright's Arms" (Trumpeter St.) führen. Nur wenige Meter weiter zum Wasser hin zeugen auch die steinernen Lagerhäuser am **Salamanca Place** TOPZIEL von den Anfängen Hobarts. Wo früher Handel und Kleinindustrie zu finden waren, hat sich heute Schöngeistiges mit Galerien, Kunsthandwerksläden, Antiquariaten sowie beliebten Lokalen breitgemacht. Viel los ist immer rund um die bunten Marktstände beim **Salamanca Market** am Samstag (8.30 bis 15.00 Uhr). Nebenan am Parliament Square war das von Sträflingen errichtete **Parliament House** zunächst Zollstation. Als maritimer Mittelpunkt dient die von Geschäftigkeit umgebene Sullivans Cove, wo am **Constitution Dock** Fischerboote und Jachten festmachen.

MUSEEN

Unbedingt sehenswert ist das **Mona**, das Museum of Old and New Art (655 Main Rd., Berriedale, Tel. 03/62 77 99 00, www.mona.net.au, Mi–Mo 10.00–18.00 Uhr, April.–Nov. nur bis 17.00 Uhr). Mindestens vier Stunden muss man für das „Fest der Sinne" veranschlagen. Zur Anlage gehören eine kleine Brauerei (Moo Brew), ein Weinkeller, ein elegantes Restaurant und acht Luxus-Apartments (€ € €) oberhalb des Flusses. Hin gelangt man per Bus oder Boot (ab Brook St. Ferry Terminal/Sullivans Cove).
Eine Fülle an faszinierender Heimatkunde beherbergt das westlich vom Arthur's Circus gelegene **Narryna Heritage Museum,** untergebracht in einer eleganten Villa von 1836 (103 Hampden Rd., Di.–So. 10.00–16.00 Uhr). Das **Maritime Museum of Tasmania** nahe dem Franklin Square hält mit Fotos, Dokumenten, Karten und Schiffsmodellen die Seefahrtsgeschichte der Insel präsent. Einen Schwerpunkt bildet das Geschäft der Walfänger (16 Argyle St., tgl. ab 9.00 Uhr). Der Besuch des **Tasmanian Museum & Art Gallery** gegenüber lohnt allein wegen des Baus: Dieser Teil des Commissariat Store stammt von 1808 und ist die älteste Bausubstanz der Stadt. Naturkundliches, Kulturelles sowie Bilder aus dem 19. Jh., teils von Sträflingen angefertigt, gehören zur Ausstellung (40 Macquarie St., tgl.).

Viel Beschaulichkeit herrscht rund um den Battery Point in Hobart.

AKTIVITÄTEN

Am Visitor Centre beginnt tgl. der geführte **Hobart Historic Walk** – anschaulicher kann Geschichtsunterricht nicht sein. Mehrere Veran-

Tipp

Port Arthur Historic Site

Auf etwa 40 ha wurden über 30 Gebäude der kolonialen Sträflingssiedlung bewahrt, die zum Welterbe der UNESCO zählt. Am Visitor Information Centre erhält jeder Besucher eine fiktive Häftlingsidentität, deren Schicksal er folgt. Die Besucher werden zur Kirche geführt, die nie gesegnet wurde (war sie doch für alle Konfessionen bestimmt), zum Asyl, das einst Alte und Sieche beherbergte und heute Museum ist, zum Guard Tower, von dem aus nach flüchtigen Sträflingen Ausschau gehalten wurde, und zum Penitentiary, einem trutzigen Gefängnisbau, der zeitweise 500 Sträflingen Platz bieten musste. Für die Besichtigung des Geländes sollte man mindestens vier Stunden veranschlagen. Teil des im Frühjahr stattfindenden Festivals „The Beating Retreat" (Abb.) ist ein feierlicher militärischer Aufmarsch, basierend auf einer Zeremonie der Briten. Die **Historic Ghost Tour** führt durch das nächtliche Port Arthur (www.portarthur.org.au).

INFORMATION

Tel. 03/62 51 23 10 oder 1800 65 91 01 (gebührenfrei), www.portarthur.org.au, tgl. 9.00–17.00 Uhr

stalter bieten mehrtägige **Rafting-Touren** ab Hobart an, z. B. Water by Nature Tasmania, Tel. 04/08 24 29 41, franklinrivertasmania.com.

HOTELS

Im € € € **The Henry Jones** (23 Hunter St., Tel. 03/62 10 77 00, www.thehenryjones.com) gilt: Der Beiname „Art Hotel" verpflichtet. Im einstigen Fabrikbau rahmen alte Gemäuer moderne Kunst. Viele Zimmer mit Blick aufs Wasser. 35 Zi.
Ein luxuriöses Boutique-Hotel mit Atmosphäre in der City ist € € / € € € **Quest Savoy** (Ecke Collins/ Elizabeth St., Tel. 03/62 20 23 00, www.questapartments.com.au, 31 Zi.).
Um einen Herrensitz gruppieren sich die zauberhaften € € **Corinda's Cottages** (17 Glebe St., Tel. 03/62 34 15 90, www.corindascottages.com.au). Das schönste ist „Servants' Quarters".

RESTAURANTS

Das zentrale Kneipenrestaurant € **New Sydney Hotel** (87 Bathurst St., Tel. 03/ 62 34 45 16) ist immer gut besucht. Mit Recht: Die Speisen, die man am Tresen bestellt und bezahlt („counter meals"), sind lecker, groß und günstig.
Guten Fisch gibt's bei € / € € € **Mures** (oben „fein", unten „self service", www.mures. com. au) am Victoria Dock/Sullivans Cove.

Austernfarm

Beim Schlürfen schmecken Gourmets den Unterschied: Tasmanische Austern sind angenehm salzig und von ansprechender Konsistenz. „So edle Schalentiere gedeihen nur in sauberen, kühlen Gewässern." Damit wirbt die **Barilla Bay Oyster Farm** bei Hobart, eine von über 100 Austernfarmen auf der Insel.

INFORMATION

Barilla Bay Oyster Farm, 1388 Tasman Hwy, Cambridge, Tel. 03/62 48 54 54, www.barillabay.com.au, Verkauf tgl. 9.30–17.00 Uhr, Führung: Mo., Do. 11.00 Uhr

INFORMATION

Visitor Centre, Ecke Davey/Elisabeth St., Hobart, Tel. 03/62 38 42 22; weitere Infos über: www.hobarttravelcentre.com.au, www.discovertasmania.de, www.tas.gov.au

2 Hobarts Nationalparks

Westlich von Hobart liegen Nationalparks, die teils schöne Tracks bieten.

SEHENSWERT

Alpine Moore, Regenwälder, Seen und Wasserfälle machen den Reiz des **Mount Field National Park** aus. Diese Landschaft, 80 km nordwestlich von Hobart, war der erste Nationalpark der Insel. Rund 4 km weiter östlich entlässt der kleine Tierpark **Something Wild** (2080 Gordon River Rd., tgl.) erkrankte Tiere nach ihrer Gesundung wieder in die Natur. Unberührter als im westlich davon gelegenen **Southwest National Park** ist es nirgendwo auf der Insel. Anspruchsvolle Wanderrouten locken: Fünf Tage braucht man für den **Port Davey Track,** sieben Tage für den **South Coast Track.** Mit dem Auto gelangt man bis **Strathgordon** am **Lake Pedder** – und will erst einmal nicht weiter, zu schön ist die Seenlandschaft.

Tasmanien verzaubert: ob mit der Wineglass Bay (oben), auf der Cradle Mountain Lodge (rechts oben) oder am Lake Pedder (rechts unten)

UNTERKÜNFTE

Übernachten kann man auf dem Campingplatz oder in der **Pedder Wilderness Lodge** (Gordon River Rd., Tel. 03/62 80 11 66, www.pedderwildernesslodge.com.au).

INFORMATION

siehe Hobart

3 Strahan

Der hübsche Hafenort liegt an der Westküste – hierher windet sich der Lyell Highway.

SEHENSWERT

Strahan gewährt unkapriziös Einlass in den ansonsten recht abweisenden **Franklin-Gordon Wild Rivers National Park.** Denn vom geschützten Macquarie Harbour fahren Ausflugsboote den Gordon River hinauf dorthin. Dem West Coast Visitor Centre, der Auskunftsstelle vor Ort, ist ein **Theater** angeschlossen, in dem eine pantomimische Episode über das einstige Sträflingslager auf Sarah Island aufgeführt wird („The Ship that never was", tgl. 17.30 Uhr).

AKTIVITÄTEN

Zwischen Strahan und dem Minenort Queenstown (östl.) verkehrt die **West Coast Wilderness Railway,** ein Dampfzug aus Goldgräbertagen. Heute sitzen Touristen in den nostalgischen Waggons (Dauer: 5 Std., Reservierung: Tel. 03/64 71 43 00, www.wcwr.com.au).

UMGEBUNG

Als **Franklin-Gordon Wild Rivers National Park** erstreckt sich die Regenwald-Wildnis östlich von Strahan. Wassersportler dringen hier bis zu den Wildwassern des Franklin River vor.

INFORMATION

West Coast Visitor Centre, The Esplanade, Strahan, Tel. 03/64 72 68 00, www.strahanvillage.com.au, www.westernwilderness.com.au

4 Cradle Mountain – Lake St. Clair N. P.

Die Landschaft mit dem langen Namen führt hoch hinaus, lässt aber auch tief blicken.

SEHENSWERT/AKTIVITÄTEN

Mt. Ossa, mit 1617 m der Berg-Gigant der Insel, ragt im **Cradle Mountain – Lake St. Clair National Park** **TOPZIEL** empor, ideal für Wanderungen. Knapp 170 m sind es bis zum Grund des Lake St. Claire. **Cradle Valley** macht im Norden den Weg frei für die als Welterbe-Liste erfasste Wildnis des 16 000 ha großen Parks.

HOTEL

Komfortable Holzhäuser bietet die € € € **Peppers Cradle Mountain Lodge** (Cradle Mountain Rd., Tel. 03/64 92 11 33, www.cradlemountainlodge.com.au). Hier beginnen reizvolle Wanderungen durch die grandiose Bergwelt.

INFORMATION

Cradle Mountain Visitor Centre, Cradle Mountain Rd., Cradle Valley, Tel. 03/64 92 11 10; Visitor Centre (am Lake St. Clair), Cynthia Bay, Tel. 03/62 89 11 72, www.parks.tas.gov.au

5 Launceston

Wer der Architektur des 19. Jh.s nicht überdrüssig wird, fährt 200 km durchs Inselinnere, um auf weitere Baudenkmäler zu treffen. Wem die knapp 100 000 Einwohner zu viel sind, der kann in die Wein- und Obstgärten des Tamar Valley entfliehen. Schon 1804 haben erste Siedler hier ihre Zelte aufgeschlagen. Spazierwege begleiten den Tamar River bis hin zum Old Seaport, wo Gastronomen zum Verweilen einladen.

MUSEEN

Ein Mix aus Ausstellungen und naturkundlichen Exponaten formiert sich zum **Queen Victoria Museum & Art Gallery** (2 Wellington St., tgl. 10.00–17.00 Uhr). Was das **National Automobile Museum of Tasmania** an Oldtimern auffährt, sucht seinesgleichen. Über 100 Ausstellungsstücke zeigen automobile Vergangenheit. Vor allem Motorrad-Fans werden sich nicht sattsehen können (86 Cimitiere St., tgl. 9.00 bis 17.00, Winter ab 10.00 Uhr, www.namt.com.au).

AKTIVITÄTEN

Am Visitor Centre in Launceston startet der einstündige **Historic Walk.** Das **Aquatic Center** bietet sechs Pools. Eine ca. einstündige Bootsfahrt führt durch die zwischen Felswänden eingezwängte **Cataract Gorge** (tgl. 9.30 bis 15.30 Uhr ab Royal Park/Home Point Wharf). Alternative für Fitnessbewusste: auf den Pfaden an den Ufern des South Esk River entlangwandern. Über das Wasser führen eine Hängebrücke oder der Sessellift. Die Schlucht ist nur zehn Gehminuten vom Zentrum entfernt. Die Tour von Tamar River Cruises (Tel. 03/63 34 99 00, www. tamarrivercruises.com.au) führt ebenfalls in die Cataract Gorge.

HOTELS

Die erhabene Lage des denkmalgeschützten **€ Hillview House** (193 George St., Tel. 03/63 31 73 88, www.hillviewhouse.net.au, 9 Zi.), einer Villa, beschert wunderschöne Ausblicke auf die Stadt und das Tal des Tamar River.

RESTAURANTS

Moderne, asiatisch und europäisch inspirierte Küche in einer alten Mühle gibt es im **€ € Stillwater River Café Restaurant & Wine Bar** (Ritchies Mill, Paterson St., Tel. 03/63 31 41 53, tgl. ab 8.30 Uhr). Eine reizvolle Unterkunft bietet die **€ € / € € € Freycinet Lodge** (Tel. 03/62 56 72 22, www.freycinetlodge.com.au, 60 Zi.) im Nationalpark mit Blick auf die Coles Bay.

UMGEBUNG

Nördlich von Launceston beginnt die zauberhafte Obst- und Weinregion **Tamar Valley** mit exzellenten Kellereien und Top-Restaurants. Zu den populärsten führt der West Tamar Highway am Westufer des mäandernden Tamar River. Seitenwechsel wollen gut überlegt sein: Nur bei Deviot quert eine Brücke den Fluss. Wer bis **Georgetown** – am östlichen (!) Flussufer – vordringt, taucht tief in die Siedlergeschichte ein. Einen Traumstrand hat die Wineglass Bay im südöstlich gelegenen **Freycinet National Park.**

INFORMATION

Visitor Centre, 12–16 St. John St., Launceston, Tel. 03/63 36 31 33, www.destinationlaunceston.com.au

Genießen Erleben Erfahren

DuMont Aktiv

Durch Tasmaniens Herz

Der Overland Track durch das naturbelassene Bergland im Herzen Tasmaniens gehört zu den populärsten mehrtägigen Wanderungen Australiens. Eine wunderschöne Route, aber nicht ganz leicht, auch weil in den Hochlagen häufig starke Winde das Vorankommen erschweren.

Die erste Etappe ist die schwierigste: Eine imposante Bergszenerie aus bizarr geformten Gipfeln, rauschenden Wasserfällen und tiefblauen Seen entschädigt für 10 km über steiniges, teils steiles Gelände am Cradle Mountain hinauf zum Marion Lookout und wieder hinab ins Waterfall Valley. Der Rest der Strecke dürfte kaum einen Wanderer überanstrengen. Es sei denn, er strebt am Mt. Ossa die Bezwingung des mit 1617 m höchsten Bergs Tasmaniens an – des schroffen Felsriesens sollten sich nur erfahrene Alpinisten annehmen.

Wer dem Track folgt, bewegt sich in Höhen von 700 bis 1030 m, vom Fuß des Cradle Mountain bis zum Lake St. Clair, Australiens tiefstem See. Dazwischen erstreckt sich der Cradle Mountain-Lake St. Claire National Park mit Regenwald, Busch, Sümpfen und alpiner Vegetation. So anstrengend der Marsch beginnt, so erholsam endet er: Auf dem See verkehrt eine Fähre nach Cynthia Bay. Unermüdliche entscheiden sich für die reizvollen 15 km Fußweg am Ufer.

Weitere Informationen

Länge: 65 km bzw. 80 km (mit Wanderung am See), begehbar in Nord-Süd-Richtung
Dauer: 6 bzw. 7 Tage
Unterkunft: Hütten, Zeltplätze
Wandersaison: 1. Nov. – 30. April, ideal ist der australische Sommer (Dez.–Febr.)

Anmeldung: Ein System regelt die Anzahl der Wanderer (Tel. 03/64 92 11 33, www.overlandtrack.com.au), 200 A$ bei Buchung, zzgl. 17 A$ Nationalpark-Gebühr www.ourhikingblog.com.au; www.wildernessexpeditions.net.au

Der Overland Track lockt mit atemberaubend schöner Landschaft.

Bester Laune in sonniger Region

Als selbst ernannter Festival State kann South Australia nicht anders, als seine Besucher das ganze Jahr über bei Laune zu halten. Gastfreundliche Gastronomie verwöhnt vor allem in und um Adelaide mit köstlichen Speisen und hervorragenden Weinen. Aber auch weiter draußen, in den dürstenden Siedlungen des staubtrockenen Outback, wird gern und laut gefeiert. Auf Kangaroo Island dagegen mahnt die einzigartige Naturschönheit zu andächtiger Stille.

Muss man ihn nicht einfach putzig finden? Spezielle Farmen in Australien haben sich der Pflege und Aufzucht der Koalas verschrieben.

Das Barossa Valley (ganz oben) ist ein Muss für alle Weinfreunde und auch jene, denen es mal wieder nach einem guten Apfelstrudel ist. Die Weine lassen sich gleich vor Ort verkosten, gehaltvolle Rote gibt es auf dem Weingut von Albert di Palma (oben).

Wie ein Landschlösschen wirkt das Weingut mit seinem breiten Treppenaufgang.

Eine gewisse Theatralik spielt mit, wenn Albert di Palma eine Kostprobe seines zwei Jahre alten Roten kredenzt. Albert stammt aus Argentinien. Ein Mann wie ein Baum, unter spitzbübisch dreinblickenden Augen ein wild wuchernder Vollbart. Ihm und seiner australischen Frau Dianne gehört das kleine Weingut Villa Tinto, mitten in der ländlichen Idylle des Barossa gelegen. Albert macht den Wein, wie er es von zu Hause kennt. Am liebsten Rote von aromatischer Würze, im Abgang etwas ruppig. Villa Tinto ist so etwas wie ein Exot im Barossa, wo der Weinanbau deutsche Wurzeln hat. 1847 soll hier ein aus Schlesien eingewanderter Johann Gramp die ersten Reben angepflanzt haben. Ihn hatte ein Exodus von preußischen Religionsflüchtlingen – allesamt strenggläubige Lutheraner – nach Südaustralien verschlagen. Die „Deutschen" schufen sich in der fruchtbaren Wildnis nördlich von Adelaide schnell eine neue Heimat, mit spitzgiebeligen Häusern und Kirchtürmen in akkurat angelegten Dörfern: Bethanien heißt heute Bethany, Langmeil wurde in Tanunda umbenannt – deutsche Namen waren während der Weltkriege auf dem Kontinent verpönt. Die wohl prominenteste Wein-Dynastie im Barossa hat Joseph Seppelt begründet: Eine von stolzen Dattelpalmen gesäumte Allee führt heute zum Weingut Seppeltsfield, wo dicke Backsteinmauern teure Tropfen bewahren. Das tempelartige Mausoleum nebenan befremdet, fällt aber ins Auge und mahnt, der Pionierleistung der Vorfahren zu gedenken.

Reif für die Insel

Im Zentrum der Bundeshauptstadt wird auf der buntscheckigen Rundle Mall eingekauft, an der North Terrace anspruchsvolle Kultur konsumiert, am Victoria Square die nostalgische Straßenbahn zum populären Strandbad Glenelg bestiegen und vielerorts verdammt gut gegessen. Und nicht zuletzt wird in den in Down Under berüchtigten „friday

Skyline von Adelaide vom Torrens River aus

Der glücklichste Tag startet
am Strand von Glenelg.

Baywatch am Strand von Glenelg bei Adelaide

nights" in Biergärten und Bars bis in den Morgen gefeiert. Andreas findet es hier ebenso „hipp" wie „cool". Der 20-Jährige aus Hamburg wollte nach dem Abitur ganz weit weg. Eine zwischenzeitliche Liebschaft mit einer australischen Rucksackreisenden sollte ihn nach Adelaide treiben. „Und das ist gut so, die Leute hier sind relaxt, das Wetter ist super und die Strände sind erstklassig." Andy jobbt tagsüber in einem Schnellimbiss, am Wochenende kellnert er abends in einem der angesagten Restaurants auf der Gouger Street. Er gehört zu den zahllosen jungen Menschen aus Europa, für die Australien die Top-Destination ist. „Work and travel" – „arbeiten und reisen" lautet das Zauberwort für Langzeitaufenthalte trotz knappem Reisebudget. Kommendes Wochenende will er mit Freunden rüber nach Kangaroo Island.

Das viel gerühmte Naturparadies vor der Küste Adelaides hält allemal zwei Tage auf Trab. In dem seit ca. 10 000 Jahren vom Festland isolierten Lebensraum haben sich Tier- und Pflanzenarten entwickelt, die sonst nirgendwo mehr vorkommen – so ein großer schwarzer Kakadu mit knallroten Schwanzfedern („glossy black") oder das graue Tamar-Känguru. In der Sommerhitze Ende 2007 haben verheerende Feuer den ausgedehnten Wäldern auf der drittgrößten Insel Australiens arg zugesetzt. Doch Ausflüge dorthin lohnen sich mittlerweile schon wieder.

Zwischen dichtem Wald und Ödnis

In der mediterran anmutenden Hauptstadt Adelaide deutet nichts darauf hin, dass der umgebende Bundesstaat der trockenste Australiens ist. Auch die dicht bewaldeten Mount Lofty Ranges im Osten oder die fruchtbaren Weingärten des Barossa zeugen eher von Regen satt denn von Wüstenklima. Nur wer weiter nordwestlich in die steinigen Einöden vordringt, lernt das aufgeheizte Outback kennen. In Port Augusta beginnt der 2735 Kilometer lange Stuart Highway. Für die Wahnsinnsroute bis nach Darwin kam nur der Landforscher John McDouall Stuart als Namensgeber infrage, der im Jahr 1862 die Durchquerung von Süden nach Norden vollendete.

In wasserloser Wildnis

Der Engländer Edward John Eyre machte sich 1840 auf, um von Adelaide aus einen Weg nach Westen zu finden. Gemeinsam mit seinem Aborigine-Gefährten Wylie schaffte er es ein ganzes Stück bis ins heutige Western Australia hinein. Was bedeutet, dass die beiden die schier endlose Wüstenei der Nullarbor Plain (aus dem Lateinischen: „kein Baum") lebend hinter sich gebracht hatten. Diese Leistung findet in australischen Landkarten Würdigung.

So führt der Eyre Highway weit hinein nach Western Australia. Lake Eyre heißt der größte, meist ausgetrocknete Salzsee. Mit 17 Metern unter Meeresniveau befindet sich hier die tiefste Stelle auf dem Kontinent. Dieses Bassin war im 20. Jahrhundert nur drei Mal komplett als See gefüllt, zuletzt 2011. Die Eyre Peninsula hingegen ist mit freundlichen Fischerhäfen, ländlichen Ortschaften, Weizenfeldern, Weideflächen und weltweit gerühmten Surfstränden

Im mediterran anmutenden Adelaide deutet nichts auf die Trockenheit im Bundesstaat hin.

letzter Außenposten der Zivilisation, bevor im Westen die menschenleere Nullarbor Plain beginnt. „Wer unterwegs nach Perth ist, sollte hier noch einmal haltmachen, um zu tanken und sich mit Vorräten, vor allem mit ausreichend Trinkwasser einzudecken." Der

Die Seal Bay hat einen wunderschönen hellsandigen Strand mit grün und blau schimmerndem Wasser zu bieten.

Groteske Formen haben die Remarkable Rocks auf Kangaroo Island.

Ein pelziger Australier: der Koala

Koalas

Special

Koalas unter Beschuss

Australiens kuscheligstes Maskottchen ist derzeit nicht vom Aussterben bedroht: Insbesondere auf Kangaroo Island leben inzwischen an die 30 000 Koalas – mehr, als der Natur dort gut tut. Die Beutelbären drohen die Insel kahlzufressen.

Schnelles Handeln tut not. Engagierte Tierfreunde müssen umdenken. Aber keine Bange, den Koalas droht kein Todeskommando – zumindest vorerst nicht! Mit Pfeilen wird den Tieren hoch oben in den Baumwipfeln lediglich ein hormonelles Verhütungsmittel injiziert, das die Weibchen zwei Jahre lang unfruchtbar machen soll. Ähnliche Experimente der Zoologen, bei denen Hormonimplantate unters Fell verpflanzt wurden, verliefen erfolgreich. Im Gegensatz zu kostspieligen Versuchen, die Koalas zu sterilisieren oder umzusiedeln.

Mit Frühlingsbeginn kündigen laute, bellende Rufe des Koala-Männchens die Paarungsbereitschaft an.

Typisches Hinweisschild auf Kangaroo Island

Aber es kann noch Monate dauern, bis das rüde Werben angenommen wird. Der Paarungsakt selbst geht dann einher mit Beißen und Kratzen – keine Spur von liebevollem Liebesleben. Bereits 35 Tage später kommt das Junge zur Welt, gerade mal 2 Zentimeter groß und 500 Gramm schwer – doch kräftig genug, in den Beutel und an die Zitze der Mutter zu krabbeln. Wenn ihm die ersten Eukalyptusblätter schmecken, ist es etwa 30 Wochen alt.

geschäftstüchtige Besitzer des Cactus Café in Ceduna hält allerhand in Zellophan eingewickelte Snacks für die kurze Rast der Durchreisenden parat. In dem 3500-Einwohner-Flecken treffen Eyre und Flinders Highway aufeinander.

Und dass ein gut ausgerüstetes Auto Voraussetzung für eine Tour durchs Outback ist, versteht sich von selbst. Ebenso wichtig aber ist die Routenplanung, denn für die Durchquerung diverser Aborigine-Gebiete muss man zuvor eine Genehmigung („permit") einholen.

Schroffe Felsberge, bunte Blütenpracht

Die Kleinstadt Port Augusta profitiert nicht nur vom Knotenpunkt transaustralischer Highways – hier treffen Stuart, Lincoln und Eyre Highway aufeinander –, sondern auch als Tor zu den Flinders Ranges. Den eindrucksvollen Teil des schroffen Berglands schützt ein Nationalpark. Hinein rollt man erst ganz kommod auf asphaltierter Straße. Zumindest bis Wilpena, der touristischen Anlaufstelle für alle Besucher. Auf die Schotterpisten dahinter sollten nur Allradfahrer, auf die schmalen Pfade nur Wanderer. Die fühlen sich magisch angezogen vom Wilpena Pound, dem spektakulären Naturamphitheater, das nur durch eine Felsschlucht zugänglich ist.

FLEISCHGERICHTE

So schmeckt's australisch

Vor der Ankunft der Europäer basierte der Speiseplan der Ureinwohner auf dem, was die Natur hergab. Nach gut zweihundert Jahren erlebt die „Native Australian Cuisine" eine erstaunliche Renaissance.

Krokodile sind zum Fürchten – aber Australier haben sie inzwischen „zum Fressen" gern. Nicht nur weil das weiße Fleisch der Riesenreptilien einfach mundet, sondern auch, weil es fettarm und frei von hormonellen Zugaben oder Antibiotika ist – „Croc" ist gesund. Ebenso zu empfehlen sind Emu und Känguru.

Appetitlich sieht aus, was von Australiens „native food" so auf den Tisch kommt – auch der Krokodil-Hamburger.

Kurz Gebratenes

Das feste Fleisch der Kängurus hat viele Proteine, aber wenig Cholesterin, tut also Herz und Hüfte gleichermaßen gut. Laut einer Studie der University of Western Australia sind in ihrem Muskelfett bis zu fünf Mal mehr ungesättigte Fettsäuren enthalten als zum Beispiel in dem der Schafe. Im Outback halten inzwischen nicht nur Naturschützer die Zucht von „roos", wie die Beuteltiere im Volksmund genannt werden, für ökologisch sinnvoll. Das trockene Land käme mit seiner kargen Vegetation weniger zu Schaden als unter den Hufen der großen Rinder- und Schafherden. Oberstes Gebot bei der Zubereitung von Kängurufleisch: nicht zu lange in der Pfanne lassen!

Emu-Fleisch, das in den Handel kommt, stammt generell von Farmen. Es wird als Geflügel deklariert, obwohl es im Geschmack mehr dem Rindfleisch ähnelt. Innen fast noch roh, schmeckt es aus der Pfanne oder vom Grill am besten. Auch Krokodilfleisch wird zäh, wenn es zu lange auf dem Herd gart. Es kommen nur gezüchtete Reptilien auf den Tisch. Delikat und ein seltener Leckerbissen sind Possums.

Besinnung auf „Native Foods"

Innovative Küchenchefs haben leckere Zutaten aus eigenen Landen neu entdeckt. In Kombination mit Rezepturen aus aller Herren Länder bringen sie seither eine überaus ansprechende moderne australische Küche auf den Tisch. Zum Beispiel mit asiatisch-italienischem Einschlag, wenn Känguru-Carpaccio unter einer Würze aus Ingwer, Koriander und Soja-Sauce den Gaumen betört. Und Australiens erster „indegineous" Chefkoch, der Aborigine Mark Olive, alias „The Black Olive", mischt die kulinarische Szene inzwischen auch weltweit auf.

Andrew Dwyer präsentiert vom Outback inspirierte australische Küche.

Innovative Küchenchefs bringen moderne australische Küche auf den Tisch.

Buchtipp

Kochen wie im Outback

Andrew Dwyer hatte die Idee, Outback-Kost für die häusliche Küche zu modifizieren. Ein gelungenes Experiment, wie Rezepte und lesenswerte Anekdoten in seinem reich bebilderten Buch aufzeigen („Outback – Recipes and Stories from the Campfire", Miegunyah Press). Infos unter www.andrewdwyer.com

Great Australian Bight
Maßstab 1:5.500.000
0
80 km
Simpson Desert
Simpson Desert Regional Reserve
Lake Eyre Basin
Great Victoria Desert
Nullarbor Plain
Nullarbor Regional Reserve
Yellabinna Regional Reserve
Yumbarra Con. P.
Great Aboriginal Land
Pitjantjatjara
Maralinga-Tjarutja Aboriginal Lands
Mamungari Conservation Park
Tallaringa Conservation Park
Woomera Prohibited Area
Military Training Area (Entry Prohibited)
Eyre Peninsula
Gawler Ranges
Flinders Ranges
Andamooka Ranges
Musgrave Ranges
Stuart Ranges
Sturt Stony Desert
Tirari Desert
Strzelecki Desert
Lake Eyre
Lake Torrens
Lake Gairdner
Lake Frome
Spencer Gulf
Gulf St. Vincent
Investigator Strait
Kangaroo I.
Flinders Chase Nat. P.
Coorong Nat. P.
Younghusband Peninsula
ADELAIDE
Port Augusta
Port Lincoln
Port Pirie
Whyalla
Ceduna
Coober Pedy
Marla
Oodnadatta
Marree
Leigh Creek
Woomera
Roxby Downs
Andamooka
Glendambo
Kingoonya
Tarcoola
Mount Gambier
Murray Bridge
Victor Harbor
Kingscote
Penola
Naracoorte
Robe
Beachport
Millicent
Port MacDonnell
Birdsville
Innamincka
Moomba
Wilpena Pound
Arkaroola Village
Yalata
Nullarbor Roadhouse
Head of Bight
Penong
Streaky Bay
Elliston
Tumby Bay
Cowell
Kimba
Wudinna
Barossa Valley
Clare
Burra
Renmark
Berri
Loxton
Waikerie
Mt. Remarkable Nat. P.
Pichi Richi Railway
Great Wall of China
Dingo Fence
Stuart Hwy
Eyre Hwy
Princess Hwy
Lincoln Hwy
Flinders Hwy
Birdsville Track
Strzelecki Track
Oodnadatta Track
Trans-Australian Railway
OTC International Satellite Earth Station
US Space Research Station
Lowest point in Australia
Kati-Thanda Lake Eyre North
Lake Eyre South
Lake Eyre Nat. P.
1
2
3
4
+9h30 Gr.Time

Kreuzfahrt-Romantik und Täler voll Wein

Adelaide, die wald- und weinreiche Umgebung, aber auch die abenteuerlichen Trockengebiete im Norden ziehen Reisende in ihren Bann. Die Distanzen verschlingen manchen Reisetag. Keinesfalls vergessen darf man unterwegs die mit hübschen Stränden gesegnete Eyre Peninsula und das Naturparadies Kangaroo Island.

1 Adelaide

Die Hauptstadt von South Australia schüchtert Besucher nicht als vibrierende Metropole ein. Vielmehr macht ihr südländisches Flair schnell vertraut mit der überschaubaren City. Freie Siedler haben im 19. Jh. den Grundstein gelegt – keine Sträflinge, wie es zu jener Zeit auf dem Kontinent Usus war. Adelaide erinnert stolz an Colonel William Light, der die Stadt mit breiten Boulevards und großzügigen Grünanlagen zukunftsweisend geplant hat. In den letzten Jahren gedieh sie zum anerkannten Feinschmecker-Treff mit respektablen Restaurants.

SEHENSWERT

Auf dem **Montefiore Hill** nördlich des Torrens Lake hat William Light angeblich den Grundriss für Adelaide erdacht. Deshalb wurde der auch heute noch lohnende Aussichtspunkt unweit der City als **Light Vision** bezeichnet und mit einer Statue des Stadtgründers versehen. Über die in der Region beheimateten Kaurna-Aborigines erfährt man eine ganze Menge im **National Aboriginal Cultural Institute,** Tandanya genannt (253 Grenfell St., tgl. 10.00–17.00 Uhr, www.tandanya.com.au). Im Nordwesten (14 km vom Zentrum) entführt **Port Adelaide** in die kolonialen Anfänge der Stadt, als es noch rau zuging im Hafenviertel und Segelschiffe Immigranten an Land brachten. Ein Spaziergang durch die engen Straßen passiert restaurierte Fassaden und einen stattlichen **Leuchtturm** (1868), den sonntags ein Flohmarkt umgibt.

MUSEEN

Geradlinig führt der westliche Abschnitt der North Terrace zu Kultur und Historie: Im **South Australian Museum** beeindrucken naturkundliche Ausstellungen, allen voran die Aboriginal Cultures Gallery (tgl. 10.00–17.00 Uhr, www.samuseum.sa.gov.au). Nebenan demonstriert die **Art Gallery of South Australia** selbstbewusst bildende Kunst aus Down Under (tgl. 10.00–17.00 Uhr; www.artgallery.sa.gov.au). Und das **Migration Museum** hinter dem South Australian Museum erinnert an die zahllosen Einwanderer, die Abenteuer auf hoher

Adelaides Architektur beeindruckt – z. B. am Victoria Square (oben) oder mit dem South Australian Museum (unten).

Tipp

Unterwegs mit der Tram

In South Australia gibt es nur noch eine einzige Straßenbahnlinie: Die Tram verkehrt täglich zwischen der Innenstadt von Adelaide und dem freizeitorientierten Seebad Glenelg – eine halbe Stunde Fahrt vom Victoria Square hinaus zur lebhaften Jetty Road. Bequemer kann man eigentlich nicht zum populärsten Strand der Stadt gelangen. Immer an sonnigen Wochenenden wird es eng in der Bahn mit ihren modern ausgestatteten, klimatisierten Fahrgasträumen. Mit etwas Glück erwischt man eine der dunkelroten historischen Trams.

INFORMATION
Auskünfte beim Adelaide Metro Info-Centre, Ecke King William/Currie St. oder telefonisch per InfoLine: 82 10 10 00,
www.adelaidemetro.com.au
Mo.–Fr. 5.45–22.30, Sa./So. 6.20–23.30 Uhr, alle 15 bis 20 Min., je nach Tageszeit

See bestehen mussten, um endlich australischen Boden betreten zu können (82 Kintore Ave, www.migrationmuseum.com.au; Mo.–Fr. 10.00–17.00, Sa., So., Fei. 13.00–17.00 Uhr). Der abenteuerlichen Seefahrtsgeschichte widmet sich in Port Adelaide auf rührende Weise das **South Australian Maritime Museum** (126 Lipson St., tgl. 10.00–17.00 Uhr, www.sa maritimemuseum.com.au).

HOTELS

Wer nostalgische Unterkünfte bevorzugt, findet in der € € / € € € **North Adelaide Heritage Group** (Tel. 08/82 72 13 55, www.adelaide heritage.com) über ein Dutzend liebevoll restaurierter Gästehäuser. Dezent designte Eleganz und geräumige Erker-Zimmer finden sich im € € **Majestic Roof Garden** (55 Frome St., Tel. 08/81 00 44 00, www.majestichotels.com. au) oberhalb der Rundle Street. Gutes Preis-Leistungs-Verhältnis. 120 Zi.

RESTAURANTS

€ € / € € € **Àuge,** 22 Grote St., Tel. 08/84 10 93 32, Di.–Sa. Pasta, Pesto und Polenta schmecken nirgendwo in der Stadt typischer.
€ / € € **Cibo,** 218 Rundle St. (Ecke Frome St.), Tel. 08/82 32 91 99. Spitzen-Baristas brühen in diesem kleinen Café richtig auf: italienische Kaffee-Spezialitäten aus eigener Röstung.
€ / € € **Esca,** 15 Marina Pier, Holdfast Shores, Tel. 08/83 76 69 33. Feine italienische Küche am Jachthafen des Stadtteils Glenelg.

AUSFLÜGE

Freizeit-Atmosphäre verheißen sowohl **Glenelg** (10 km südwestl.) als auch **Semaphore** (15 km nordwestl.). Beide Stadtteile Adelaides sind von paradiesischen Sandstränden gesäumt und an sonnigen Wochenenden von Ausflüglern bevölkert. Während Semaphore noch vom verblichenen Glanz eines traditionellen Seebads zehrt, hat sich Glenelg zum mondänen Badeort mit glasverbrämten Apartmentanlagen und schick gestylten Lokalen am Jachthafen gemausert. Ca. 80 km südlich bietet **Victor Harbor** auf der Fleurieu Peninsula (s. u.) tierische Erlebnisse: eine Kolonie von Zwergpinguinen (Führungen in der Dämmerung), Wale, die zwischen Juni und September vor der Küste auftauchen, sowie im Below Decks Shark Aquarium (tgl. 11.00–17.00 Uhr) Haie und Mantarochen. Alles über die Giganten der Meere erfährt man im **South Australian Whale Centre** (2 Railway Tce, tgl. 10.30–17.00 Uhr, www. sawhalecentre.com).

UMGEBUNG

Die ersten Siedler zogen im Winter von der Küste in die östlich von Adelaide ansteigenden Hügel, weil der dichte Baumbestand dort genug Feuerholz hergab. Noch heute sind die **Adelaide Hills,** nur eine halbe Stunde Fahrt von der City entfernt, von Wald bedeckt. An Sommertagen genießen die Städter die erfrischende Höhenluft. Naturfreunde kommen wegen der Spazierwege unter dem Schatten spendenden Grün des **Mount Lofty Botanic Garden** oder wegen der Tiere des benachbarten **Cleland Wildlife Park** (Summit Road, Cleland, tgl. 9.30–17.00 Uhr). Kaum einer, der nicht zu Fuß – oder mit dem Auto auf kurviger Straße – zum **Mount Lofty Summit** vorstößt, um sich auf 727 m Höhe an herrlichen Blicken über Adelaide zu erfreuen. Unten im Tal vermarktet **Hahndorf** (ca. 20 km südöstl.) hemmungslos seine deutsche Vergangenheit und gaukelt mit bierseliger Stimmung typische Gemütlichkeit vor. Die im Visitor Centre (41 Main St.) erhältliche Broschüre „Historical Hahndorf Walk" begleitet bei der Spurensuche.
Im Süden von Adelaide ragt die **Fleurieu Peninsula** in den Ozean, eine ruhige, ländlich geprägte Region. Rund um die Ortschaft **McLaren Vale** (ca. 35 km südl.) erstreckt sich das älteste Weinbaugebiet Australiens. Geschützte Badestrände findet man vor allem an der Westseite beim **Aldinga Beach.** Das populärste Seebad ist allerdings **Goolwa** im Südosten, wo Bootsausflüge über den Lake Alexandrina und weiter den Murray River hinaufführen. Etwa 50 km nördlich von Adelaide beginnen die hügeligen Rebenfelder des **Barossa**, an Wochenenden ein beliebtes Ausflugsziel. Als Ausgangspunkt für Weinproben bietet sich Tanunda an. Mehr über Top-Weingüter auf S. 110/111.

INFORMATION

Adelaide Visitor Information Centre, 9 James Place, Adelaide, Tel. 1/300 58 81 40, www.southaustralia.com; Port Adelaide Visitor Centre, 66 Commercial Rd., Tel. 08/84 05 65 60, www.portenf.sa.gov.au

❷ Kangaroo Island

Die drittgrößte Insel Australiens bietet Natur pur, die Wildnis hier ist noch weitgehend intakt. Damit das so bleibt, steht ein Drittel der Fläche unter Schutz. Von Cape Jervis/Fleurieu Peninsula aus erreicht man **Kangaroo Island** TOPZIEL, das dem grauen Tamar-Känguru seinen Namen verdankt, per Autofähre. Sie legt in **Penneshaw** an (tgl., Sealink, Reservierung: Tel. 13 13 01, www.sealink.com. au). Von Adelaide starten schnelle Flüge (Rex Regional Express, www.rex.com.au, oder der Charterflieger Air South, www.airsouth.com.au) und anstrengende Tagestouren per Bus (Sealink) .

SEHENSWERT

Im **Cape Gantheaume Conservation Park** im Süden kann man Schwärme von Vögeln an der Murray's Lagoon beobachten, im **Seal Bay Conservation Park** nebenan führen Ranger an einer großen Seelöwen-Kolonie am Strand vorbei (tgl. 9.00–16.00, im Sommer bis 19.00 Uhr), im weitläufigen **Flinders Chase National Park** am Westrand der Insel gibt es neben zahlreichen Kängurus und anderen Tieren auch eine zu grotesken Formen erodierte Kalkstein-Küste zu sehen, darunter den Admiral's Arch. Zentrum der touristischen Infrastruktur (beispielsweise im Hinblick auf Unterkünft) der Insel ist **Kingscote.**

Der Flinders Chase National Park erstreckt sich im Westen von Kangaroo Island.

INFORMATION

Kangaroo Island Gateway Visitor Information Centre, Howard Drive, Penneshaw SA 5222, Tel. 08/85 53 11 85, www.tourkangarooisland. com.au

❸ Port Augusta

Die Kleinstadt ebnet den Weg zu den entlegenen Wildnis-Regionen: der Eyre Peninsula im Westen und den Flinders Ranges im Norden. Zunächst enttäuscht sie als Industriestandort, versöhnt dann aber mit ihrem hübschen historischen Zentrum und der Waterfront. Der geschützte Naturhafen war Mitte des 19. Jhs. Anlass der Ansiedlung. Dann kam der Eisenbahnanschluss. Heute halten am Bahnhof sowohl der Ghan als auch der zwischen Sydney und Perth verkehrende Indian Pacific.

SEHENSWERT

Im **Wadlata Outback Centre** im Norden der Stadt bekommen Durchreisende auf dem Weg ins abweisende Hinterland bereits einen recht unzweifelhaften Eindruck von dem, was sie erwartet. So mancher bis dato ahnungslose Tourist kehrt hier lieber um. Aber auch in der Ausstellung bekommt man eine ungefähre Ahnung von den Gefahren wie auch von der Faszination, die vom Outback ausgehen. Auf 20 ha demonstriert der **Australian Arid Lands Botanic Garden,** wie viele Pflanzenarten in den verschiedenen Trockenzonen überleben können (Stuart Hwy., tgl. 7.00 Uhr bis Sonnenuntergang).

Glenelg und Semaphore, beides Stadtteile von Adelaide, sind von paradiesischen Sandstränden gesäumt.

HOTELS
Futuristisch mutet der Komplex € / € € **Majestic Oasis Apartments** (Marryatt St., Tel. 08/86 48 90 00, www.oasisportaugusta.com.au) mit Apartments für Selbstversorger an der Wharf an. Bessere Ausblicke bieten die teureren Zimmer in der oberen Etage. 75 Apartments.

UMGEBUNG
Schöne Strände und kahle Klippen rahmen die spitz zulaufende **Eyre Peninsula** südlich von Port Augusta. Wer frische Austern mag, muss in die Coffin Bay, wo die Schalentiere gezüchtet werden (z. B. www.coffinbayoysters.com.au). Das Dutzend gibt es für ca. 12 Dollar. In der Baird Bay kann man mit Seelöwen und Delfinen schwimmen (außer Juni–Aug., Baird Bay Charters & Ocean Eco Tours, Tel. 08/86 26 50 17, www.bairdbay.com). **Ceduna,** mit Tankstelle, Einzelhandel und Gastronomie, ist der letzte Außenposten vor der Nullarbor Plain. Surfer zieht es an den Back Beach oder an den Cactus Beach, unweit der Grenze zu Western Australia. Durchreisende übernachten gut im Ceduna Foreshore Caravan Park (25 Poynton St., Ceduna, www.cedunaforeshore caravanpark.com. au) und werden günstig satt im Cactus Café in Ceduna (52 Pyonton St.).

INFORMATION
Visitor Centre (angeschlossen an das Wadlata Outback Centre), 41 Flinders Tce., Port Augusta, www.wadlata.sa.gov.au

4 Flinders Ranges National Park

Wer im Frühling den Nationalpark besucht, erlebt eine wahre Farborgie aus üppig erblühten Wildblumen inmitten des roten Granits und schwarzen Basalts der uralten Bergregion. Aber auch die einzigartige Landschaft ist die 160 km lange Anreise von Port Augusta wert.

SEHENSWERT
Der enorme Felskessel des **Wilpena Pound** ist nur durch eine Schlucht erreichbar. Weiter nach Norden haben Geländewagen eindeutig Vorfahrt. Zu Fuß ist der 3 km lange Weg hinauf zum **Wangara Hill Lookout** zu empfehlen. Wer topfit ist, schafft die Tageswanderung um das natürliche Amphitheater steil aufwärts zum knapp 1200 m hohen St. Mary's Peak.

UNTERKÜNFTE
Alle Wege führen zum € € **Wilpena Pound Resort,** einem angenehmen Basislager zur weiteren Erkundung des Parks (Tel. 08/86 48 00 04 oder 1800 80 58 02 www.wilpenapound.com.au).

INFORMATION
Wilpena Pound Visitor Centre: Wilpena Rd., JHawker, Tel. 1 800 805 802, www.southaustralia.com und www.environment.sa.gov.au (auch Verkauf der „permits" für den Einlass in den Nationalpark)

Genießen Erleben Erfahren

DuMont Aktiv

Raddampfer-Romantik

Wenn der Murray River durch South Australia mäandriert, ist er dank des einmündenden Darling River zu stolzer Breite angeschwollen. Wie geschaffen für eine Flusskreuzfahrt im gemächlichen Tempo der Pionierzeit.

Auf modernen Komfort muss an Bord des „PS Murray Princess" niemand verzichten. Der größte Paddlesteamer (kurz: PS) Australiens ist kein Oldtimer, sondern eine schmucke Replik historischer Raddampfer. Ein Schiffstyp mit viel Platz, aber ohne viel Tiefgang, der hier Tradition hat. Bis ins 20. Jahrhundert fungierte der Murray River als Hauptverkehrsader.

Der „PS Murray Princess" ist für anspruchsvolle Touristen gebaut: behagliche Kabinen mit eigener Nasszelle für maximal 128 Passagiere. Es gibt reichlich zu essen und zu trinken, und bevor an Deck Langeweile aufkommen könnte, dreht das Unterhaltungsprogramm richtig auf. Auf Landgängen erzählt der Kapitän gern über Flora und Fauna. Zwischen den Schleusen, die den Fluss erst schiffbar machen, legt der Raddampfer immer mal wieder zu Weinproben oder einer Partie Golf an. Man kann eine Schaffarm besuchen und sich den Ngaut Ngaut Conservation Park anschauen, der bedeutsame archäologische Zeugnisse der Aborigines bewahrt – bis schließlich ein festliches Farewell Dinner an Bord der Flusskreuzfahrt ein eindrucksvolles Ende setzt.

Weitere Informationen

Angebot: Mit dem „PS Murray Princess" sind verschiedene Flusskreuzfahrten möglich, mit 3, 4 oder 7 Übernachtungen, ab ca. 950 A$ inkl. Vollpension. Abfahrt ist jeweils in Mannum, etwa 25 km nördlich von Murray Bridge (Transfer nach Adelaide möglich).

Veranstalter: Captain Cook Cruises, Tel. 02/92 06 11 00, 1800 80 48 43, www.captaincook.com.au und www.murrayprincess.com.au

Bei Fahrten mit einem Raddampfer erlebt man den Murray River besonders authentisch.

Unter der sengenden Sonne

Wo nackte Felslandschaft unter der Sonne betörend errötet, pocht das uralte Herz Australiens: Massiv erhebt sich der Uluru (Ayers Rock) aus der weiten Ebene des Red Centre. Heißer Staub, kaum Wasser, kaum Vegetation – für die Siedler war das lebensfeindliche Outback eine stete Herausforderung. Für die Ureinwohner kreuzen sich hier seit Jahrtausenden die Traumzeit-Pfade.

Sonnenuntergang am Ayers Rock: Viele Besucher bleiben über Nacht bis zum Sonnenaufgang.

Enge, zerklüftete Schluchten charakterisieren
die MacDonnell Ranges.

Nur ein Riese kann doch wohl die mächtigen Felsbrocken,
die Devil's Marbles, wie Murmeln hierhergeworfen haben ...

Nach stundenlanger Fahrt durch das heiße Red Centre kommen sie endlich in den Blick: die Felsen des Uluru-Kata Tjuta National Park.

Die niedlich anzusehenden Kängurus gehören einfach dazu.

Ghan

Special

In einem Zug durchs Outback

Nach 126 Jahren Bauzeit, am 2. Februar 2004, hieß es endlich „Bahn frei" für die wohl berühmteste Eisenbahnstrecke Australiens. Seitdem durchquert der Ghan die leere Wildnis im Inneren des Kontinents, eine Reise der Superlative zwischen Adelaide und Darwin: über 22 Breitengrade hinweg und durch vier Klimazonen, knapp 3000 Kilometer und an die 50 Stunden lang.

Der Ghan, ein Muss für Eisenbahnfans

Der weitgehend einspurige Schienenstrang verbindet – als Alternative zum Stuart Highway – die Küsten im Norden und Süden. Früher ein Traum aller Pioniere, die ihr Leben riskierten, um weiter in die von ungeheurer Hitze gequälte Wüste vorzudringen. Für Kamele ist sie ideales Terrain. Also wurden die Höckertiere im 19. Jahrhundert samt Treibern aus Afghanistan geholt. Daher leitet sich der Name „Ghan" ab. Überwiegend Touristen buchen die Eisenbahnfahrt. Viele im Seniorenalter, weshalb an den Bahnhöfen spezielle Ein- und Ausstiegshilfen ihre Dienste tun. Wer in den Red-Service-Abteilen Platz nimmt, muss im Sitzen schlafen und ist deshalb wohl eher etwas jünger. Die Komfort-Alternative mit Aufpreis heißt „Gold Service". Für alle gleich in den auf konstante 23 °C herunterklimatisierten Kabinen ist der Ausblick durch die doppelt verglasten Scheiben: auf Kängurus und Rinder – bis die ausgedörrte Unendlichkeit unter blauem Himmel die Augen anstrengt.

Die nördlichen Wohnviertel von Port Augusta verschwinden im Rückspiegel, vor der Kühlerhaube flimmert Asphalt in der Mittagshitze, der Bewuchs am Straßenrand wird zusehends spärlicher, die Fliegenschwärme draußen dafür dichter und lästiger: Kein Zweifel, der Stuart Highway dringt unaufhaltsam in das knochentrockene Innere des Kontinents vor. Der Highway folgt dem Verlauf der 1872 gebauten transaustralischen Telegrafenleitung, seit Mitte der 1980er-Jahre immerhin durchgehend asphaltiert. Wer den Stuart Highway befährt, ist auf Gedeih und Verderb den mehrere Hundert Kilometer auseinanderliegenden Roadhouses ausgeliefert. Doch die weitgehend immer noch aus Wellblech und Brettern zusammengenagelten Rasthäuser funktionieren nicht nur als Treibstoff- und Trinkwasser-Depot, sondern auch als soziale Begegnungsstätte, wo im kühl gehaltenen Gastraum Outback-Bewohner, Trucker und Touristen bei heißem Kaffee, eiskaltem Bier und deftiger australischer Hausmannskost aufeinandertreffen. Nirgendwo sonst kommt man schneller miteinander ins Gespräch.

Eldorado für Glücksritter

Am Stuart Highway liegt so mancher Abenteuerschauplatz. Der bizarrste ist unstrittig Coober Pedy. Die Minen-Siedlung

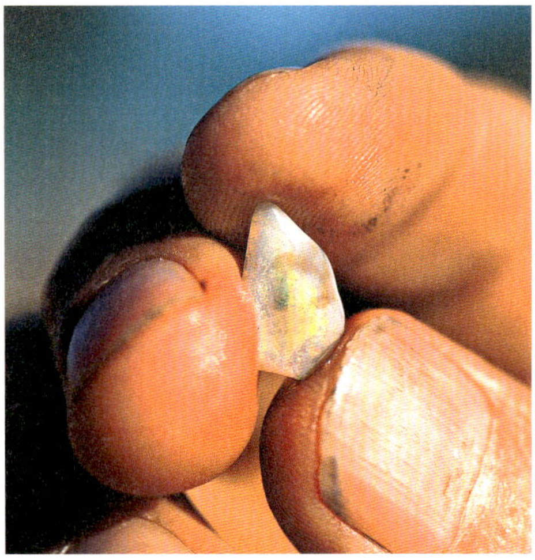

In der Landschaft am Stuart Highway kontrastiert eine Schlucht wie die Glen Helen Gorge (ganz oben) in den West MacDonnell Ranges mit den Abraumhalden der Opal-Minen. Denn die Region ist prall gefüllt mit Opal-Adern (oben und rechts).

Auch die Trephina Gorge gehört zum Schluchtensystem der MacDonnell Ranges.

schreckt über der Erdoberfläche als heiße Hölle, verheißt aber unterhalb den Himmel auf Erden: Über 80 Prozent der weltweit geschürften Edelsteine stammen von hier. Der „place to be" für Haudegen und gescheiterte Schicksale, die auf der Jagd nach schnellem Reichtum sind. Trotz sengender Sonne zeigen viele Gesichter fahle Haut, bedingt durch das Leben im Untergrund. Denn selbst Restaurants, Hotels, Kirchen, Museen und viele Wohnungen befinden sich unter der Erde.

Längst folgt niemand mehr dem Lockruf des Goldes nach Tennant Creek, das endlose 1370 Kilometer weiter nördlich am Highway kauert. Die blasse Outback-Siedlung erwachte in den 1930er-Jahren als „Heart of Gold" (Herz aus Gold) zu einem kurzen und bisher letzten Goldrausch auf dem Kontinent. Heute werden in den Minen vor allem Kupfer und andere Edelmetalle gefördert. Col Bremner ist erst um die 75 und kommt schon allein deshalb nicht als Zeitzeuge infrage. Doch wenn er Touristen durch die alten Stollen seiner „dot mine" führt und lebhaft von den goldenen Zeiten erzählt, könnte man meinen, er sei tatsächlich dabei gewesen. Col Bremner hat Tennant Creek 1956 kennengelernt, als die Goldadern ausgebeutet, aber die meisten Gebäude noch immer aus Wellblech waren. „Wasser galt als so wertvoll wie Gold", weiß er, denn „jeder Tropfen musste von weit her in den Ort gekarrt werden."

Mittendrin sprudelt Wasser

Alice Springs – von den Einheimischen mit dem Kosenamen „The Alice" bedacht – taucht am Outback-Horizont wie eine Fata Morgana auf. Umgeben von weiter, staubiger Einöde und flankiert von den schroffen Höhen der MacDonnell Ranges, ist die Wüsten-Stadt überraschend lebendig. Etwa 27 000 Menschen sind hier zu Hause, nicht mitgerechnet die Aborigines, die am späten Vormittag, wenn die Kneipen öffnen, wie aus dem Nichts kommend schweigsam das Zentrum bevölkern und später im Schatten ihren Rausch ausschlafen. Touristen schauen meist schockiert zur Seite. Allerdings ist es um die Ureinwohner in keiner Stadt viel besser bestellt. Doch hier scheint das Trauerspiel allgegenwärtig.
Dabei liegt die „Leben spendende Quelle" an den mystischen Traumpfaden der Ureinwohner. Sie trafen, wie von einem unsichtbaren Kompass geführt, auf die ferne Wasserstelle und erlegten dort Kängurus und anderes Jagdwild. Die Wasserstelle („springs") kam den aus Europa vordringenden Pionieren gerade recht. 1872 errichteten sie hier eine Telegrafenstation. Was anschließend lange Zeit nicht nach außen drang, war das Vergehen an Kindern aus Verbindungen von Aborigines und Europäern. Die sogenannten „half caste kids" wurden ihren farbigen Müttern noch bis Mitte der 1960er-Jahre entrissen, in Heimen großgezogen oder weißen Paaren zur Adoption angeboten.

Alice Springs ist umgeben von weiter, staubiger Einöde.

Zum Heiligtum der Anangu

Am Erlunda Roadhouse den Blinker setzen und dem rechtwinklig abzweigenden Lasseter Highway in das westliche Abseits des Outback folgen – weg vom Stuart Highway: So kommen die Touristenströme auf dem Landweg zum Uluru (Ayers Rock), der die geografische Mitte des Kontinents markiert. Die meisten Überlandbusse halten 50 Kilometer wei-

Das Erlebnis außergewöhnlicher Natur belohnt die Ausdauer bei der Reise durch das Red Centre: Tief eingeschnitten ist der King's Canyon (unten links). Eine geführte Wanderung zum Ayers Rock (oben rechts) oder durch die Landschaft der Kata Tjuta (unten rechts) vermittelt einiges von der Mystik dieser Stätten. Die Aborigines (oben links) erwarten mit Recht Respekt vor ihren heiligen Stätten.

ter am Mt. Ebenezer Roadhouse, Gelegenheit, um zwischen Toilettengang und Imbiss die eigenwillige Kunstgalerie neben dem Gastraum zu besuchen.

Plötzlich und beinahe zaghaft kommt der Uluru (Ayers Rock) dann schließlich ins Blickfeld, berühmt als Wahrzeichen

Der Uluru entstand, als sich die Regenbogenschlange im Erdinneren aufrichtete.

Australiens und von den hier beheimateten Anangu-Aborigines als sakraler Ort verehrt. Von daher auch die ausdrückliche Bitte der Eingeborenen, den Berg nicht zu besteigen und keine Steine mitzunehmen. Zur Belohnung gibt's im Souvenir Shop T-Shirts mit dem Aufdruck „I didn't climb Ayers Rock" zu kaufen.

Traumzeitlegenden

Selbst hartgesottene Outback-Typen respektieren die mystische Bergwelt, nehmen vor dem Uluru (Ayers Rock) den Hut ab und beschreiten ehrerbietig die Pfade durch die Felskuppen der Kata Tjuta, von den Europäern „The Olgas" getauft.

1985 wurde das Gebiet den Aborigines als Stammesland zurückgegeben. Nach ihrem Schöpfungsmythos, der Traumzeit, entstand der Uluru, als sich die Regenbogenschlange im Erdinneren aufrichtete und dabei den Fels an die Oberfläche drückte. Seit jeher haben die Ureinwohner hier religiöse Zeremonien abgehalten, jede Höhle, Wasserstelle, jeder Felsvorsprung hat spirituelle Bedeutung. Es gibt Stätten, die nur für Männer oder Frauen bestimmt waren. Und es gibt Orte, an denen nicht gesprochen werden darf. Die Anangu bieten Führungen an, die das geheimnisvolle Land durch die Augen der Ureinwohner zeigen. Legenden aus der Traumzeit gehören dazu, doch der logikfixierte Menschenverstand kann die mündlich überlieferten Geschichten der Traumzeit kaum mehr begreifen ...

SCHULE IM OUTBACK

Schule per Internet – School of the Air

Als stellvertretender Leiter der School of the Air in Alice Springs hält William Newman Unterricht für Kinder im Outback ab. Denn die leben isoliert auf den Stations, den Viehzuchtbetrieben weit draußen.

Die School of the Air ermöglicht es den Kindern in weit abgelegenen Gebieten, eine Schulbildung zu erhalten.

Wie sieht der Berufsalltag eines Lehrers einer School of the Air aus? Was unterscheidet ihn von Lehrern einer normalen Schule? Ein Gespräch mit William Newman bringt Klarheit. Denn als junger Mann verließ er seinen Geburtsort in den Snowy Mountains – eine idyllische Gegend unweit der Quelle des Murray River – und zog vom Bundesstaat Victoria ins Northern Territory: vom grünen Bergland in die staubige Wüste. Abenteuerlust und der Wunsch, sich Herausforderungen zu stellen, trieben ihn nach dem Studium ins Outback.

Muss man für ein Leben im Outback geschaffen sein? Irgendwie schon. Zumindest sollte man nicht auf Karriere und Reichtum aus sein. Bei uns gelten andere Werte: Freundschaft und Hilfsbereitschaft zum Beispiel, der Zusammenhalt, wenn jemand in Not ist. Soziale Kontakte werden umso wichtiger, je isolierter man lebt. Und es geht hier meist beschaulich zu. Wem das zu eintönig ist, der ist hier falsch. Selbst in den Ferien bleibe ich heute lieber in Alice Springs. An die dicht besiedelte Ostküste mit all ihrer Enge, Hektik und Anonymität reise ich nur noch, um Verwandte zu besuchen.

Wie erklären Sie einem Fremden in fünf Punkten, was die Faszination des Outback ausmacht? Zunächst ist es die Abgeschiedenheit. Touristen, die für zwei, drei Tage rein- und dann wieder rausfliegen, bekommen sie kaum zu spüren. Zweitens: Die unkonventionelle und entspannte Lebensart, die fällt auch Fremden gleich auf. Drittens: Die Einzigartigkeit der Region, kein Platz auf der ganzen Welt ist vergleichbar. Viertens: Die Kontraste des Lebensraums, vor allem in kultureller Hinsicht, wenn man bedenkt, wie präsent die Ureinwohner hier sind. Und fünftens: Die Schönheit der Natur – allein der Anblick des nächtlichen Sternenhimmels, der zum Greifen nah scheint, wirft mich jedes Mal um.

Heute erfolgt der Unterricht der School of the Air überwiegend via Internet. Das alte Funkradio hat ausgedient. Kommt da schon mal Wehmut auf? Jede Zeit hat ihre Vorzüge. Und neue Technologien ver-

An die Lehrer der School of the Air werden hohe Anforderungen gestellt; unerlässlich ist die Bereitschaft, zu reisen – und über holprige Pisten zu entlegenen Stations (Farmen) zu fahren.

langen eben nach anderen Lehrmethoden. Das Internet hat der School of the Air eine ganz neue Qualität verliehen: Die Kommunikation zwischen Schüler und Lehrer ist schneller, intensiver und damit effizienter. Es gibt bei uns neun verschiedene Unterrichtsklassen: Sie reichen von der Vorschule bis zum Abschluss der Grundstufe, das heißt bis zum 12./13. Lebensjahr. In der Regel wird jede Klasse vom Lehrer an drei Tagen in der Woche etwa eine halbe Stunde lang per Internet unterrichtet. Dazu gibt es zehn Minuten Einzelunterricht, einmal pro Woche. Der größte

Die unkonventionelle, entspannte Lebensart macht einen Teil der Faszination des Outback aus.

Was früher der Funk war, ist nun das Internet – Schulunterricht im Medienzeitalter.

Teil des Lernprogramms wird in Form von Hausaufgaben per E-Mail erledigt, beaufsichtigt von Eltern oder einem Tutor.

Kann man so seine Schülerinnen und Schüler denn richtig kennenlernen? Natürlich nicht. Deshalb veranstaltet die Schule regelmäßige Treffen, zu denen Schüler und Eltern für vier bis fünf Tage nach Alice Springs kommen. Bei dem bunten Programm helfen Fotos den Lehrern, ihre Schüler zu erkennen – und umgekehrt. Dabei darf man nicht außer Acht lassen, dass die Lehrer das ganze Jahr über mit ihren Schülern im engen Gespräch sind. Vermutlich mehr, als es im Klassenverband einer normalen Schule möglich ist.

Was macht einen guten Lehrer der School of the Air aus? Ist es schwer, Bewerber zu finden? Einfach nur eine gute Lehrkraft zu sein, ist zu wenig. Bewerber müssen die Bereitschaft zum Reisen mitbringen. Besuche bei den Kindern gehören zur Arbeit. Das bedeutet: über Nacht auf der Station bleiben, nachdem man Hunderte Kilometer mit dem Geländewagen unterwegs war. Ein weiteres Muss ist der versierte Umgang mit elektronischen Medien. Wir erwarten, dass sich neue Lehrer schnell mit der speziellen Software vertraut machen, egal welche Jahrgänge sie unterrichten. Sie werden nicht per Anzeige gesucht. Freie Stellen werden von der zuständigen Schulbehörde besetzt. Allerdings haben wir ein Mitspracherecht

Und was unterscheidet Schüler der School of the Air von ihren Altersgenossen einer gewöhnlichen Schule? Zuerst sind es die Lebensumstände unserer Schüler auf den isolierten Stations: Kontakt zu Gleichaltrigen gibt es kaum, dafür mehr Pflichten und weniger Kindheit, als es die Gesellschaft in dichter besiedelten Regionen zulässt. Unsere Lehrer tun alles Mögliche, um Zusammenarbeit und soziale Kontakte zu fördern. Generell sind unsere Schüler besser erzogen und lernen konzentrierter als die Schüler in anderen Schulen. Und es ist schön zu erleben, dass sie neugierig Kontakt aufnehmen, sobald sie bei den regelmäßigen Treffen in Alice Springs Gleichaltrige kennenlernen.

Fakten & Informationen

Der Gesprächspartner
Der 55-jährige William Newman lebt in Alice Springs und ist Middle Years Team Leader an der School of the Air.

Die Schule
Sie liegt im Norden von Alice Springs (80 Head St., tgl.) und ist die erste dieser Art in Australien (www.assoa.nt.edu.au).

Reading Award
Art and Craft Award
MATHEMATICS AWARD
Handwriting Certificate
MATHEMATICS AWARD
SPECIAL LIBRARY AWARD
PRESENTED TO
FOR
AWARD
Congratulations!
East Murray Area School
Principal's Primary Award Nominee
Ben Wall
A Fine Creative Effort
3 5 9 6 8 5 2
window
School of the Air
Lions Club of Broken Hill
Ben Wall

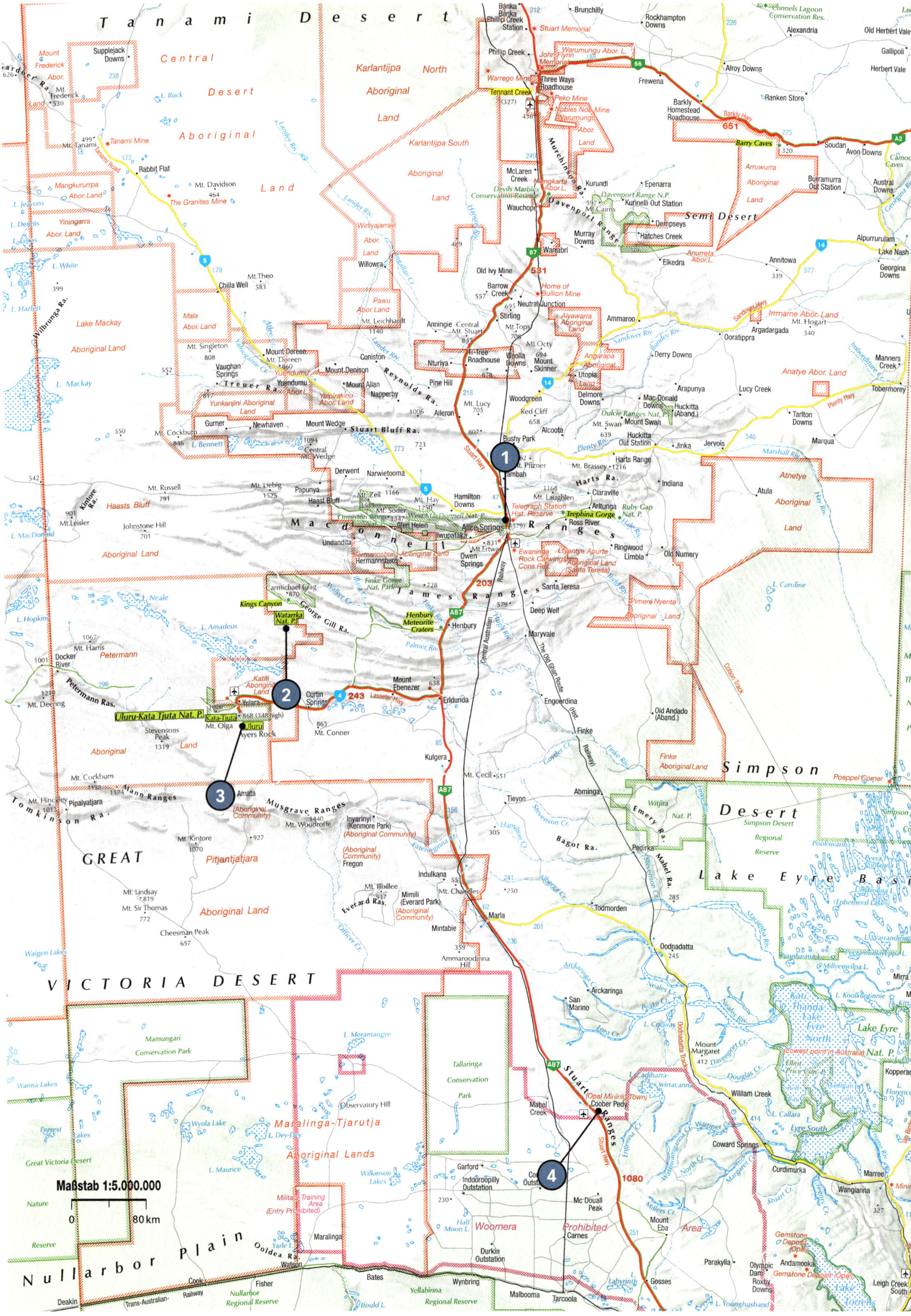

Tanami Desert
Central Desert Aboriginal Land
Karlantijpa North Aboriginal Land
Karlantijpa South Aboriginal Land
Tennant Creek
Three Ways Roadhouse
Barkly Homestead Roadhouse
Barry Caves
Semi Desert
Davenport Range
Wauchope
Devils Marbles Conservation Reserve
Lake Mackay Aboriginal Land
L. Mackay
Haasts Bluff Aboriginal Land
Mount Doreen
Yuendumu
Treuer Ra.
Reynolds Ra.
Stuart Bluff Ra.
Ti-Tree Roadhouse
Barrow Creek
Aileron
Bushy Park
Alice Springs
Hermannsburg
Harts Ra.
Macdonnell Ranges
Trephina Gorge
Ruby Gap Nat. P.
Atnetye Aboriginal Land
Anatye Abor. Land
Sandover Hwy
Plenty Hwy
Marshall Riv.
Kings Canyon
Watarrka Nat. P.
George Gill Ra.
James Ranges
Henbury Meteorite Craters
Finke Gorge Nat. Park
Santa Teresa
Maryvale
The Old Ghan Route
Central Australian Railway
Lasseter Hwy
Curtin Springs
Mount Ebenezer
Erldunda
Yulara
Uluru-Kata Tjuta Nat. P.
Kata Tjuta
Uluru
Mt. Olga
Ayers Rock
Petermann Ras.
Petermann Aboriginal Land
Docker River
Mt. Conner
Kulgera
Finke
Simpson Desert
Simpson Desert Regional Reserve
Witjira Nat. P.
Lake Eyre Basin
Lake Eyre Nat. P.
Amata
Musgrave Ranges
Mann Ranges
Tomkinson Ra.
Mt. Woodroffe
Pitjantjatjara Aboriginal Land
Great Victoria Desert
Marla
Oodnadatta
Oodnadatta Track
Mintabie
Indulkana
Everard Ras.
Cheesman Peak
Mamungari Conservation Park
Tallaringa Conservation Park
Maralinga-Tjarutja Aboriginal Lands
Coober Pedy (Opal Mining Town)
Stuart Ranges
Stuart Hwy
William Creek
Coward Springs
Marree
Woomera Prohibited Area
Maralinga
Nullarbor Plain
Nullarbor Regional Reserve
Yellabinna Regional Reserve
Trans-Australian Railway
Tarcoola
Cook
Great Victoria Desert Nature Reserve
1
2
3
4
Maßstab 1:5.000.000
0
80 km

Gefragt: Reisende mit Ausdauer

Tiefer kann man nicht in den Kontinent vordringen als dorthin, wo die westliche Zivilisation erst vor einigen Hundert Jahren die uralten Traumpfade der Ureinwohner kreuzte. Die Monotonie aus roter Ebene unter blauem Himmel durchquert man mit dem Wissen, dass am Ziel einzigartige Naturerlebnisse warten.

1 Alice Springs

Die Stadt in der endlos trockenen Wüstenei gleicht keiner anderen auf der Welt – sie ist ein heißes Pflaster für gestrandete Abenteurer und ambitionierte Glücksritter. Ein trauriges Bild bieten die Aborigines, die vormittags hier einfallen und dem Alkohol erliegen.

SEHENSWERT

Kleiner Hügel, großartige Aussicht: Vom **Anzac Hill** am Nordrand der Stadt reicht der Blick bis zu den zackig aus der Wüstenebene ragenden MacDonnell Ranges – bei gelungenem Sonnenuntergang ein fantastisches „Farbfernsehen". Die Fernsehserie über die „Flying Doctors" ist längst ausgelaufen, doch der **Royal Flying Doctor Service** bleibt für entlegene Stations und Siedlungen unverzichtbar. Wie erstaunlich gut die medizinische Versorgung im Outback – selbst im Notfall – funktioniert, demonstriert der Besucherservice mit Museum (8–10 Stuart Tce., Mo.–Sa. 9.00–17.00, So. ab 13.00 Uhr, www.rfdalicesprings.com.au).
Die alte Telegrafenstation (ebenfalls im Norden), aus der Alice Springs erwuchs, wurde restauriert und als **Telegraph Station Historical Reserve** öffentlich zugänglich gemacht. Sie stammt aus dem letzten Drittel des 19. Jh.s und war bis 1932 in Betrieb. Draußen führt ein kurzer Spaziergang zum Wasserloch, von dem der Name „Alice Springs" herrührt (Heritage Dr., tgl. 8.00–17.00 Uhr, Führungen April–Okt.).

MUSEEN

Am Rand der Innenstadt, am Larapinta Drive, bemüht sich der verschachtelte Komplex des **Alice Springs Cultural Precinct,** ein wenig Kultur in die zivilisationsfeindliche Gegend zu bringen: Mit Erfolg, wie die Ausstellungen im **Museum of Central Australia** zeigen. Auch die Kunstsammlung im **Araluen Centre** kann sich sehen lassen, vor allem die Bilder einheimischer Maler. Nicht nur Technik-Freaks kommen im **Aviation Museum** auf ihre Kosten, wo Besucher von luftigen Abenteuern der Flugpioniere im Outback erfahren (Ecke Larapinta Dr./Memorial Ave., Mo.–Fr. 10.00–16.00, Sa., So. ab 11.00 Uhr, www.centralaustralianaviationmuseum.com). Eisenbahnfreunde hingegen werden vom **Old Ghan Museum & Heritage Railway** magisch angezogen. Zum liebevoll restaurierten Bahnhof gehört ein altes Teilstück der längs durch den Kontinent führenden Gleise (am Stuart Hwy., 10 km südlich von Alice Springs, tgl. 9.00–17.00 Uhr, Tel. 08/89 52 71 61, www.roadtrans porthall.com).

AKTIVITÄTEN

Rundflüge mit Alice Springs Helicopters ermöglichen unter anderem einen Blick auf die Glen Helen Gorge, Tel. 08/89 52 98 00, www.alicespringshelicopters.com.au.

EVENTS

Im September, wenn der Todd River kein Wasser mehr führt, findet hier eines der verrucktesten Turniere auf dem Kontinent statt: Bei der **Henley on Todd Regatta** wird in bodenlosen Bootsattrappen durch das trockene Flussbett gerannt. Ein fröhliches Volksfest.

HOTELS

Ein angenehmes Komforthotel am Ostufer des Todd River ist das **€ € Double Tree by Hilton** (Barrett Dr. 82, Alice Springs, Tel. 08/89 50 80 00, www. doubletree3.hilton.com) mit exzellentem

Tipp

Fahrt durch die Wüste

Der **Alice Springs Desert Park** ist eine Art Wüsten-Biotop: verdammt trocken, aber erstaunlich lebendig. Unterteilt in verschiedene Ökosysteme, überrascht das weitläufige Gelände mit immer neuen Naturphänomenen. Und mit einer Vielzahl von Tieren und Pflanzen, die in der wasserarmen Wildnis überleben. Die Mischung aus Tiergehege und Erlebnispark ist ebenso informativ wie unterhaltsam. Zumal an der Kasse ein Audioguide auch in deutscher Sprache erhältlich ist und Einheimische vom Typ „Australian Cowboy" die Besucher bei Laune halten. So kann man leicht, trotz des Wüstenklimas, ein paar Stunden in dem Naturpark verweilen.

INFORMATION
Larapinta Dr., westl. von Alice Springs, ca. 25 A$, Tel. 08/89 51 87 88, www.alicespringsdesertpark.com.au, tgl. 7.30–18.00 Uhr

Alice Springs hat einiges zu bieten, wie hier den Alice Springs Desert Park.

thailändisch-indischem Restaurant (Hanuman, Reservierung empfohlen). Blick auf die MacDonnell Ranges, Pool, 1,5 km zum Zentrum, 236 Zi. Die zentrale Lage des **€ Diplomat Alice Springs** (Ecke Hartley Street/Gregory Terrace, Alice Springs, Tel. 08/89 52 89 77, www.diplomatmotel.com.au) ist kaum zu toppen: Zu Restaurants und Fußgängerzone sind es nur wenige Schritte. Die zweistöckigen Unterkünfte gruppieren sich um einen Swimmingpool, der für Abkühlung im Wüstenklima sorgt. 80 Zi. Der Campingplatz und die Zimmer der **€ / € € Glen Helen Homestead Lodge** an der Glen Helen Gorge (Tel. 08/89 56 74 89, www.glenhelen.com.au) sind ideal, wenn man früh zum National Park aufbrechen will.

RESTAURANTS/BARS

Abenteuerlustigen Genießern stillt der **€ € Red Ochre Grill** (Todd Mall, Alice Springs, Tel. 08/89 52 96 14, www.redochrealice.com.au, tgl. ab 11.00 Uhr bis spät) den Appetit auf australisches Wild mit Krokodil, Känguru oder Emu. Einige wenige Bars sind auch für Touristen interessant, z. B. die **Todd Tavern** (1 Todd Mall). Aber seien Sie vorsichtig: Immer wieder einmal werden tätliche Auseinandersetzungen zwischen Touristen und (meist) alkoholisierten Aborigines gemeldet. Verzichten Sie vor allem darauf, Fotos von den Aborigines zu machen!

Tipp

Unter freiem Himmel

Erst ein Aperitif zum brillanten Sonnenuntergang am Uluru (Ayers Rock), dann dürfen die Gäste mitten in der Outback-Wüste an weiß gedeckten Tafeln Platz nehmen. Während Feuerstellen dem kulinarischen Ereignis Licht spenden, beginnen oben am Firmament die Sterne zu funkeln: Das „Sounds of Silence Dinner" bereitet nicht nur Gaumenfreuden in einmaligem Ambiente unter freiem Himmel, sondern serviert auch – praktisch als Augenschmaus nach dem Dessert – spannende Sternenkunde der Südhalbkugel.

INFORMATION

Möglichst frühzeitige Buchung, Tel. 02/82 96 80 10, www.ayersrockresort.com.au, ca. 200 A$

Untergrund-Motel in Coober Pedy (oben); Aborigine-Gemeinde Hermannsburg (rechts oben); zu Fuß durch den Kings Canyon (unten)

UMGEBUNG

Der Larapinta Drive führt geradewegs westlich aus der Stadt heraus, dorthin, wo der **West MacDonnell National Park** aufregende Schluchten der **MacDonnell Ranges** schützt. Zwischen Alice Springs und Darwin hält auf dem Stuart Highway gen Norden **Tennant Creek** (ca. 531 km) ein wenig auf. Die **Dot Mine** (4 km nördl.) gehört zu den ältesten Goldminen hier, doch sie ist längst stillgelegt und birgt allenfalls noch genug Edelmetall, um Touristen anzulocken. Alles über die Goldsuche erfährt man im Battery Hill Mining Centre, ca. 1,5 km außerhalb der Stadt (Peko Rd., Tel. 08/89 62 12 81, tgl. 9–17 Uhr), wo sich auch die Visitor Information befindet. 115 km südlich von Tennant Creek sieht man am Rand des Stuart Highway die **Devil's Marbles** – „des Teufels Murmeln" – liegen. Vorbei an den riesigen Granitkugeln führt eine rund 20-minütige Wanderung.

INFORMATION

Central Australian Tourism, Ecke Todd Mall/Parsons St., Tel. 08/89 52 58 00, www.discovercentralaustralia.com (ein kleines Büro befindet sich auch am Flughafen).

2 Watarrka National Park/Kings Canyon

Südwestlich von Alice Springs (330 km) schneidet der Kings Canyon bis zu 270 m tief in den roten Sandsteinfels. Überall dort, wo wässrige Überbleibsel des Kings Creek Feuchtigkeit spenden, verleiht überraschend üppige Vegetation dem natürlichen Gesamtkunstwerk, geschützt als Watarrka National Park, grüne Tupfer.

SEHENSWERT

Die Alternativroute zum Stuart Highway führt ab Alice Springs zunächst 130 km auf dem Larapinta Drive bis zu der ehemaligen lutherischen **Missionsstation Hermannsburg**, 1878 von deutschen Siedlern gegründet. Den hier lebenden Aborigines vom Stamm der Arrernte wurde nicht nur das Wort Gottes nähergebracht, sondern auch Lesen und Schreiben, Handwerk und Viehzucht. Zu den Schülern gehörte der spätere Künstler Albert Namatjira (1902–1959), dessen Aquarell-Darstellungen in einem der Missionsgebäude ausgestellt sind (tgl. 9.00–16.00 Uhr, www.hermannsburg.com.au). Eine Erlaubnis („permit") braucht man nicht zum Besuch der Aborigine-Siedlung, allerdings gibt es keine Übernachtungsmöglichkeit. Dafür birgt die nur 20 km entfernte Palmen-Oase des **Finke Gorge National Park** einen attraktiven Campingplatz (Palm Valley). Die Zufahrt dorthin ist holprig, doch die seltenen Marienpalmen sind die Rüttelstrecke wert.

AKTIVITÄTEN

Der 6 km lange Wanderweg **(Kings Canyon Walk)** oben am Kliff ist schön, aber sehr anstrengend, leichter kommt man auf dem kürzeren Pfad (Kings Creek Walk; 2,5 km) unterhalb, auf dem Grund der Schlucht, voran.

INFORMATION

siehe Alice Springs

3 Uluru (Ayers Rock)

Zu Australiens Hauptattraktion sind es rund fünf Stunden Fahrt von Alice Springs durch das leere und in der Regel sehr heiße Red Centre des Kontinents.

SEHENSWERT

Bei der Orientierung am Uluru (Ayers Rock) hilft das **Visitor Centre** im Ayers Rock Resort, das eine interessante Ausstellung zur örtlichen Natur (Audioguide in deutscher Sprache) beherbergt. Einlass in den umgebenden **Uluru-Kata Tjuta National Park** TOPZIEL gewährt eine kostenpflichtige Erlaubnis („permit"), die drei Tage lang gültig bleibt. Auf jeden Fall sollte Zeit bleiben für eine Wanderung am Fuß des Berges, die von verschiedenen Veranstaltern angeboten werden (z. B. AAT Kings, www.aatkings.com). Inbegriffen ist in der Regel ein Besuch des **Cultural Centre,** (www.environment.gov.au/parks/uluru), wo Ausstellungen die Natur am Uluru aus Sicht der Ureinwohner zeigen und Maruku Arts teures, aber hochwertiges Kunsthandwerk verkauft. In Sichtweite, jedoch 42 km entfernt, ragen die Felskuppen der **Kata Tjuta (The Olgas)** aus dem Wüstenboden. Bei Sonnenauf- und Sonnenuntergang bescheren sie eine lohnende Licht-Show in Rottönen. Durch die Schluchten und Täler führen Wanderwege. Wer sich zu Fuß aufmacht, sollte an ausreichend Trinkwasser denken.

UNTERKÜNFTE
Zentraler Übernachtungsort am Rand des Nationalparks ist Yulara (Ayers Rock Resort) mit Hotels, Campingplatz, Restaurants und Geschäften, die allesamt vom **Ayers Rock Resort** betrieben werden (Reserv.: Tel. 02/93 39 10 40 oder 1300/13 98 89, www.ayersrockresort.com.au).

INFORMATION
Yulara Visitor Centre, Yulara Dr., Yulara, Tel. 08/89 57 73 24, www.northernterritory.visitorsbureau.com.au, www.travelnt.com, www.australiasoutback.de

4 Coober Pedy

Auf dem Weg von Alice Springs nach Adelaide führt Coober Pedy unter die Erde.

SEHENSWERT
Vorzugsweise besucht man diesen außergewöhnlichen Ort im Rahmen einer Tour u. a. durch die **Opalmine** und zur **Höhlenwohnung,** „dugout" genannt (Buchung im Visitor Centre, siehe unten). Selbst Kirchen laden zu Gottesdiensten oder einem Gebet in den Untergrund ein. Die **Serbian Orthodox Church** lohnt zumindest einen tiefen Blick ins mystisch anmutende Felsgewölbe (Flinders St., tgl. 11.00–18.00 Uhr). Deutlich über der Erde befindet sich der **Big Winch Lookout,** von dem aus man eine eindrucksvolle Rundumsicht auf die „Maulwurfhügel" der Minensiedlung hat (Italian Club Rd.).

HOTELS
Angenehm kühl belüftete und behaglich möblierte Räumlichkeiten – das ist im unwirtlichen und brütend heißen Coober Pedy mehr, als man sich erträumt. Anfang der 1980er-Jahre wurde für das € € **Motel Coober Pedy** (Catacomb Rd., Tel. 08/86 72 53 24, www.theundergroundmotel.com.au) der Sandstein voluminös unterhöhlt. Trotzdem bekommen alle Zimmer Tageslicht und Frischluft.

INFORMATION
Visitor Centre Coober Pedy, Hutchison St., Tel. 1800/63 70 76, 08/86 72 46 00, www.opalcapitaloftheworld.com.au

Genießen Erleben Erfahren

DuMont Aktiv

Do the Didgeridoo!

Es ist nicht einfach, dem traditionellen Blasinstrument der Ureinwohner die richtigen Töne zu entlocken. Was bei Folkloredarbietungen so spielerisch anmutet, bedarf viel Übung und einer richtigen Anleitung. Am besten von erfahrenen Didgeridoo-Musikern, wie sie regelmäßig im Sounds of Starlight Theatre in Alice Springs auftreten.

Der Didgeridoo-Virtuose Andrew Langford ist der Begründer der „Didgeridoo Show Outback", und das obwohl kein Tropfen Aborigine-Blut in seinen Adern fließt. Und weil er das althergebrachte Blasinstrument gern auch in modernen Orchestern sieht, erteilt er Unterricht: 30 Minuten täglich, willkommen ist jeder, der Spaß an Musik hat.

Am Anfang heißt es: blubbern! „Die meisten haben zu viel Respekt vor dem ungewöhnlichen Klangkörper", weiß Andrew von zahlreichen Workshops im In- und Ausland, „das hemmt und verspannt die Atemmuskulatur." Dabei sollen Anfänger erst mal nur locker die Lippen vibrieren lassen, etwa so wie Kleinkinder, wenn sie blubbern. Das sieht schon ein bisschen komisch aus. Aber der richtige Mundeinsatz ist Voraussetzung zum Erlernen der Atemtechnik. „Zirkularatmung" heißt das Zauberwort. Also Luft durch das verengte Mundstück ausstoßen und gleichzeitig in kurzen Zügen durch die Nase einatmen. „Bloß nicht alle Luft aus der Lunge pressen", rät Andrew seinen Schülern. Das sei der größte Fehler, den Anfänger machen.

Weitere Informationen

Adresse: Sounds of Starlight Theatre, 40 Todd Mall, Alice Springs, Tel. 08/89 53 08 26, www.soundsofstarlight.com
Didgeridoo-Kurs: Ab und an werden Didgeridoo-Kurse abgehalten (man muss aber ungefähr ein Jahr üben, bis es auch wirklich nach einem richtigen Didgeridoo-Spiel klingt), regelmäßig dagegen findet eine Didgeridoo-Dinner-Show statt (ca. 30 A$ ohne und 85 A$ mit Dinner)
Erwerb: In der angeschlossenen Didgeridoo Gallery & Sales werden kunstfertig verarbeitete Instrumente verkauft – nicht nur für Naturtalente ein schönes Mitbringsel von Wert.

Unterrichtsstunde in einem Shop

Natur und Kunst vom Feinsten

Im feuchtheißen Klima hat der Norden des Kontinents maßlose Landschaften geformt: an der Küste undurchdringliche Mangrovensümpfe mit gefährlichen Krokodilen sowie grandiose Schluchten, die im Monsunregen in mächtigen Strömen und rauschenden Wasserfällen ertrinken. Die multikulturelle Hafenstadt Darwin verquirlt mehr als 50 Nationen, und nirgendwo sonst in Australien leben mehr Aborigines als im „Top End" – ihre Kunst beeindruckt nicht nur in Museen und Galerien.

Das Arnhem Land steckt voller bunter Zeugnisse der Aborgines – etwa am Mt. Borradaile.

Im überwältigenden Kakadu National Park ragt der Ubirr Rock (ganz oben) auf. Eine Bootsfahrt (rechts) unternimmt man hier am besten am frühen Morgen. Wer der einheimischen Tierwelt nahe kommen möchte, kann auch den Territory Wildlife Park (oben) bei Darwin besuchen.

Wegen ihres feinen weißen Leders an der Unterseite wurden die Tiere fast ausgerottet.

Special

Krokodilfarm

Riesenreptil – mit Riesenappetit

Punkt zwei Uhr mittags schleppt der Tierpfleger auf der Darwin Crocodile Farm einen Eimer mit blutigen Fleischstücken an das trübe Wasserloch hinter dem Zaun: Fütterungszeit für die bis zu sieben Meter langen Leistenkrokodile und Showtime für die Besucher. Die sehen mit schreckensweiten Augen zu, wie sich die scheinbar starren Raubtiere in flinke Jäger verwandeln, um einen der hingeworfenen Brocken zu ergattern.

„Saltie" ist kein Kosename

Die eingesperrten Riesenreptilien müssen Tierschützer nicht erzürnen. Denn bei den meisten Krokodilen hier handelt es sich um Problemfälle, die Siedlungen gefährlich nah gekommen sind und deshalb eingefangen wurden. Im Hafengebiet von Darwin zum Beispiel tauchen oft Jungtiere auf, die von Artgenossen verjagt wurden.

Leistenkrokodile, auch Salzwasserkrokodile („salties") genannt, bewohnen den tropischen Norden Australiens. Aborigines nennen sie „Ginga" – ihre Lederhaut, so glauben sie, stammt von Brandblasen, die sich die Tiere beim Dösen in der Sonne holen. Die Tiere mögen Sümpfe und Wasserlöcher, sogenannte „billabongs", aber auch Mangrovenküsten und seichte Flussmündungen – auch an Stränden sorgen sie ab und an für Panik. Besonders gefährlich sind sie zu Beginn der Regenzeit, im Oktober/November, wenn Hunger sie angriffslustig macht.

Etwa zwölf Wochen später schlüpfen die Jungen: Der Nachwuchs wird von der Mutter zum Wasser gebracht und über Monate hinweg beaufsichtigt.

Von der Küste des Northern Territory ist es lediglich ein Katzensprung nach Asien. Dennoch trennen Welten das Gebiet von den dicht besiedelten Regionen Asiens. Wen also wundert es, dass hier ein kunterbuntes Völkergemisch zusammengekommen ist. Vor allem in Darwin, dem Regierungssitz des Northern Territory, aber mit rund 140 000 Einwohnern kein urbanes Monster, sondern eher eine liebenswerte Provinzstadt. Umso aufregender ist die Natur drum herum, wo Arnhem Land zum nur eingeschränkt zugänglichen Refugium der Ureinwohner wurde und der Kakadu National Park Mitte der 1980er-Jahre als wilde Szenerie für den Kino-Hit „Crocodile Dundee" dienen konnte. Wer sich an „Charlie", den störrischen Wasserbüffel aus den beiden ersten Folgen, erinnert, kommt nicht am Adelaide River Inn vorbei. Hier, am Rand des Stuart Highway, graste der tierische Star jahrelang auf der Weide. Nach seinem Tod ausgestopft, steht er jetzt im Pub.

The Last Frontier

So heißt Arnhem Land bei den Aussies: entlegenes Grenzland an der meist ruhigen Arafura Sea. Auf einer Fläche etwa so groß wie Süddeutschland leben rund 30 000 Aborigines beinahe so archaisch

Die menschenleere und unerforschte Weite des Arnhem Land übt auf alle Reisenden einen ganz besonderen Reiz aus.

Lustige bunte Kakadus sind ein hübsch anzusehender Teil der vielfältigen Tierwelt.

Die Felszeichnungen der Aborigines am Ubirr Roc fesseln und faszinieren einen jeden Betrachter.

und naturnah wie eh und je. Ihr Alltag folgt immer noch sechs „Jahreszeiten“: Blitz und Donner, Regen, Blüte, Sturm, Buschbrand und strahlend blauer Himmel. Wirklich sesshaft sind die Ureinwohner hier nicht geworden. In Sippen führen sie eine Art Nomaden-Dasein entlang der Küste, weit weg von jeglicher westlich geprägter Zivilisation. Max Davidson ist Weißer und kennt die Gegend seit über 30 Jahren. Er lebt davon, Touristen die Kultur der Aborigines näher zu bringen – „ohne sich den Ureinwohnern aufzudrängen“, wie er betont. Deshalb hat er am Westrand, bei Mount Borradaile, ein separates Zelt-Camp errichtet; nur Geländewagen oder Kleinflugzeuge kommen dorthin. Max zeigt Respekt vor Land und Leuten, sonst würde man ihn hier wohl auch nicht machen lassen: „Dieses Stück Erde ist 1,6 Milliarden Jahre alt. Nirgendwo im Fels findet man Fossilien. Denn das Land entstand, als es noch keinerlei Lebewesen gab.“

Wie eine Schatzkammer

Der westlich angrenzende Kakadu National Park begeistert auf Anhieb als urgewaltiges Naturparadies rund um den South Alligator River und seine Nebenflüsse. Wer tiefer eindringt, stößt auf erstaunliche Zeugnisse steinzeitlicher Kultur der Ureinwohner. Gründe genug für die UNESCO, den größten Nationalpark Australiens in die Liste des Weltkulturerbes aufzunehmen. Wissenschaftler gehen davon aus, dass die Vorfahren der heutigen Aborigines den Norden des Kontinents vor mehr als 50 000 Jahren –

Das Land entstand, als es noch keinerlei Lebewesen gab.

vielleicht sogar schon vor 120 000 Jahren – über eine Landbrücke von Papua Neuguinea aus erreicht haben. Das untermauern auch die zahlreichen archäologischen Fundorte und Felsmalereien

Das Northern Territory erlaubt es immer wieder, per Kanu zu entlegenen Regionen vorzudringen, so auch auf den Wassern des Nitmiluk National Park.

Aboriginal Dance im Nitmiluk National Park

Special

Kunst der Aborigines

Traumzeit in Farbe

In Australien ist die Steinzeit noch nicht zu Ende. Nach wie vor bilden Aborigines Traumzeit-Geschichten auf Steinwänden in der Natur ab, oft werden verblichene Darstellungen mit frischer Farbe übermalt. Aber meist bedienen sich zeitgenössische Künstler der traditionellen Motive und Techniken, schnitzen Hölzer zu kurvigen Schlangenkörpern oder arrangieren farbige Punkte zu dekorativen Mustern auf der Leinwand.

Dekor mit mystischem Ausdruck

Angefangen hat alle Kreativität an Höhlenwänden oder unter Felsüberhängen, dort wo sie geschützt war vor Wind und Wasser. Mangels Schrift wurden Geschichten oder Ereignisse in Bildern verschlüsselt. So entstanden stilisierte Figuren wie Menschen, Tiere und mythische Wesen, aber auch abstrakte Formen. Farben wurden aus der Natur gewonnen: Rot aus Lehm und Gestein, Weiß aus Tonerde und Schwarz aus Holzkohle. Innerhalb eines Stammes blieben die Motive einheitlich, drückten stets eine überlieferte Symbolik aus – eine Art Bildersprache, die keine persönliche Interpretation zuließ. Sambo Burra Burra, dessen Werke in den Kunstmuseen des Landes hängen, wurde 1949 in Arnhem Land geboren. Zunächst malte er auf Rinde, wie es bei seinem Volk Tradition ist. Schon lange hat er zu Acryl und Leinwand gewechselt, bedient sich aber nach wie vor alter Motive, Techniken und Regeln.

im Nationalpark. Allerdings sind die wenigsten zugänglich, die vermutlich ältesten und eindrucksvollsten Abbildungen bekommt man am Nourlangie Rock und Ubirr Rock zu Gesicht. Ein Aborigine-Dialekt, der früher in der Gegend gesprochen wurde, heißt „Gagudju". Für die Weißen muss sich das angehort haben wie „Kakadu" – und so soll der Nationalpark zu seinem Namen gekommen sein. Beste Besuchszeit ist die Trockenperiode zwischen Mai und November, wenn Hitze und Schwüle noch erträglich sind und die Fahrzeuge nicht im Schlamm der vom Regen aufgeweichten Pisten stecken bleiben. Dann sammeln sich Zigtausend Vögel um die Wasserstellen: Kormorane, Reiher, Kraniche, Greifvögel, Spaltfußgänse und Jabirus (Riesenstörche), die einzige Storchenart Australiens. Leider lässt die Trockenzeit auch die imposanten Wasserfälle zu dünnen Rinnsalen verkümmern. Wer das donnernde Spektakel an den Jim Jim Falls oder Twin Falls nicht verpassen will, muss gleich nach Ende der Regenzeit, Mitte April bis Anfang Mai, versuchen, mit dem Boot oder 4WD durchzukommen.

Wie im Grand Canyon

Zugegeben, der Vergleich hinkt, was die Ausmaße anbetrifft. Aber mit ihren schreiend rotbraunen Sandsteinwänden,

Darwin als das urbane Zentrum des Northern Territory verfügt über einen Jachthafen (ganz oben), Museen wie die Museum & Art Gallery (oben) – und die richtige Atmosphäre für Reisende, die nach all dem Staub der weiten Landschaft gerne auch mal zwei, drei Tage bleiben und die Annehmlichkeiten der Stadt genießen (rechts).

Qualitätvolle Arbeiten von Aborigines sind in Darwins Galerien zu erwerben.

die sich senkrecht in den blau-grünen Fluss stürzen, und mit 13 spektakulären Schluchten stiehlt die Katherine Gorge dem berühmten Canyon im US-Staat Arizona allemal die Schau. Hindurch zwängt sich der Katherine River – während der Regenzeit ein unbezähmbarer Strom, ansonsten ein herrliches Revier für ausgiebige Kanutouren durch das verwinkelte Schluchtensystem. Über 2900 Quadratkilometer der einzigartigen Naturlandschaft drum herum sind als Nitmiluk National Park geschützt und wieder im Besitz des Aborigine-Volkes der Jawoyn. Sie glauben, dass ganz tief im Fluss die Regenbogenschlange, das Schöpferwesen aus der Traumzeit, lebt, weshalb die Schlucht von enormer spiritueller Bedeutung für die Ureinwohner ist. Auf jeden Fall gibt es Krokodile im Katherine River, und zwar recht wahrscheinlich nicht nur „freshies", wie die harmloseren Süßwasserkrokodile genannt werden, denn immer wieder machen Augenzeugenberichte über gefährliche Leistenkrokodile die Runde. Im Litchfield National Park dagegen gelten alle Wasserlöcher (nicht die Flüsse!) als sichere Badeplätze. Doch die meisten Besucher haben auf dem Sandsteinplateau nur Augen für die pittoresk geformten Termitenhügel. Wie spätgotische Türme muten die bis zu fünf Meter hohen Bauten der Magnettermiten (auch Kompasstermiten) an. Ein Wunder der Natur ist dabei die Ausrichtung ihrer Längsachse in Nord-Süd-Richtung, was für konstantes Raumklima durch optimale Sonnenbestrahlung sorgt: stärkere Erwärmung morgens und abends und mehr Schutz um die heiße Mittagszeit.

Viel Wirbel um „Tracy"

Wenn die Bewohner Darwins von ihrer Stadt erzählen, datieren sie gerne „vor" oder „nach Tracy". Der Wirbelsturm hat 1974, ausgerechnet an Heiligabend, über zwei Drittel aller Gebäude zerstört, 71 Menschen kamen dabei zu Tode. Nach Mitternacht zog das Auge über die Stadt, Windmesser verzeichneten bald Geschwindigkeiten von über 200 Stundenkilometern – bis sie fortgerissen wurden. Inoffiziellen Schätzungen zufolge hat der Sturm sogar bis zu 300 Stundenkilometer erreicht. Beinahe die Hälfte der damals 48 000 Einwohner war auf einen Schlag obdachlos. Sie zu evakuieren bedeutete, die traumatisierten Menschen über den Kontinent verteilt unterzubringen: in Alice Springs, Adelaide und sogar im 4000 Kilometer entfernten Sydney. Die Ära „Darwin after Tracy" nahm ihren Anfang. Aber es sollte September des Folgejahres werden, bis mit dem radikalen Neuaufbau begonnen wurde. Dazu beigetragen hat damals selbst die australische Popmusik-Szene: Der Song „Santa never made it into Darwin" von Bill and Boyd unterstützte die Spendensammlungen und stürmte ganz nebenbei die Hitparade. Nicht zu verwechseln mit „Tojo never made it to Darwin" von den Hoodoo Gurus, die knapp zehn Jahre später mit ihrem Lied an die Bombardierung Darwins im Zweiten Weltkrieg durch die Japaner erinnern wollten. Dabei war am 19. Februar 1942 vor allem das Stadtgebiet um den Hafen zerstört worden. Heute zeigt die Stadt kaum noch Ähnlichkeit mit dem „Darwin before Tracy". Die Stadtplaner entschieden sich erkennbar für eine moderne Architektur. Diese wiederum hat Platz für eine lässige Multikulti-Lebensart geschaffen, die man so nur in tropischen Städten vorfindet.

> Darwin hat Platz geschaffen für eine lässige Multikulti-Lebensart, wie man sie nur in tropischen Städten vorfindet.

Die schönsten Naturerlebnisse

Natur pur und hautnah

So spannend kann die australische Wildnis sein: Abseits der Haupttouristenströme kann man den Kontinent sehr intensiv erleben. Wir verraten Ihnen wo und wie. Sie sollten ein wenig Mut und Neugier mitbringen, weder das Wasser noch Wälder oder Wanderungen scheuen und bloß nicht in Eile sein. Viel Spaß!

1 Ningaloo Whaleshark Swim

Die märchenhafte Unterwasserwelt vor der Nordwestküste nimmt es allemal mit dem Great Barrier Reef im Osten auf. Auch weil die farbenprächtigen Korallengärten des Ningaloo Reef einem fast unmittelbar zu Füßen liegen – man muss nur etwas ins Wasser waten. Und man sollte weiter draußen zwischen den imposanten, sanften und bis zu 13 Meter langen Walhaien umher schwimmen. Ein flotter Katamaran bringt Sie hin.

Ningaloo Whalesharks, Main Street, Exmouth, WA, Tel. 08/99 49 47 77, www.ningaloowhalesharks.com

2 Hamelin Pool

Staunen Sie in der Shark Bay über die lebenden Fossilien im seichten Salzwasser: Die wie Steine auf dem Grund liegenden Stromatolithen beherbergen Organismen, die vermutlich als Erste die Erde besiedelt haben, vor über 3,5 Milliarden Jahren. Anfassen verboten! Aber Sie dürfen darüber hinweg laufen: nämlich auf einem Holzsteg. Erstaunlich auch der Shell Beach weiter nördlich, wo Millionen weißer Herzmuschelschalen unter Ihren Sohlen nachgeben.

Shark Bay, WA, 27 km vom North West Coastal Hwy entfernt, Richtung Old Telegraph Station mit schöner Infotafel zum Hamelin Pool, www.parks.dpaw.wa.gov.au/park/hamelin-pool

3 Koala-Kolonie

Es ist beinahe unmöglich, auf Raymond Island keinen Beutelbär zu Gesicht zu bekommen. Etwa 60 Tiere leben auf der kleinen Insel in den Gippsland Lakes, auf nur zwei bis drei Meter hohen Bäumen. Ein Leichtes also, hier Koalas in freier Wildbahn ohne Fernglas auszumachen und in Nahaufnahme abzulichten. Am besten Sie machen sich zu Fuß auf. Ein ausgewiesener Koala Trail hilft bei der Suche.

Raymond Island, Autofähre ab Paynesville, ca. 50 km westlich von Lakes Entrance, www.raymondisland.net

4 Zipline Tour

Ein wirklich atemberaubendes Abenteuer in schwindelnder Höhe: Wer sich traut, wird hoch über dem Waldboden angeseilt, um im Affenzahn von Baumwipfel zu Baumwipfel zu „fliegen". Der längste Abschnitt misst 400 Meter, das Gesamterlebnis inkl. Einweisung dauert drei Stunden und findet bei (fast) jedem Wetter statt, selbst im Dunkeln (Night Zipline Tour), wenn es im tasmanischen Regenwald nur so wimmelt vor nachtaktiven Tieren.

Hollybank Treetops Adventure, 66 Hollybank Rd, Underwood (Launceston), TAS, Tel. 03/63 95 13 90, www.treetopadventure.com.au

5 Maria Island Walk

Es geht über Stock und Stein, aber auch entlang von endlosen weichen Sandstränden und vorbei an seltenen Tieren wie Wombats und Echidnas. Die ehemalige Sträflingsinsel vor der Küste Tasmaniens ist heute Naturschutzgebiet und ein Wanderparadies für Verwöhnte. Geführte mehrtägige Touren enden abends im komfortablen Zeltlager mit weichen Betten, leckerem Drei-Gänge-Menü, einer guten Flasche Wein und unvergesslichen Eindrücken.

Great Walks of Australia, www.greatwalksofaustralia.com.au

6 Canoeing Katherine Gorge

Naturnah und aufregend zugleich: Mit dem Kanu lässt sich das spektakuläre Schluchtensystem im tropischen Norden am besten entdecken. Lassen Sie sich Muße beim Paddeln, übernachten Sie am Ufer unter freiem Himmel und spüren Sie die Spiritualität der von den Aborigines verehrten Flusslandschaft. Mit dem kleinen Boot dringen Sie tiefer in den Nitmiluk National Park vor als die Mehrzahl der Touristen.

Nitmiluk Tours, Canoeing Trips, Tel. 08 / 89 71 08 77, www.nitmiluktours.com.au

7 Alice Springs Balloon Flights

Jede Landung wird mit einem Sektfrühstück begossen. Aber zuvor steigen Sie in aller Herrgottsfrühe mit dem Ballon in luftige Höhen über dem Outback auf. Am besten, wenn die Sonne gerade aufgeht und die schroffen MacDonnell Ranges in sanfte Farbtöne taucht. Oben raubt das Panorama fast die Sinne: endlose, leere Weite, so weit der Blick reicht und – halten Sie die Augen auf – tief unten rote Riesenkängurus, die in der kühlen Morgenluft davonhüpfen.

Outback Ballooning, PO Box 2702, Alice Springs, Tel. 08 / 89 52 87 23 oder 1800 80 97 90, www.outbackballooning.com.au, 30 bis 60 Min., bis ca. 400 A$ p. P.

8 Regen am Rock

Wenn Sie im Red Centre richtig nass werden, ist das wie ein Sechser im Lotto. Nur ein Prozent der Touristen am Uluru Ayers Rock erlebt den Felsen bei Starkregen – und bekommt prompt ein großartiges Naturschauspiel geboten: Wasserfälle und Fontänen ergießen sich aus dem roten Fels, als hätte der Monolith alle Schleusen geöffnet. Wetterdienste halten sich mit Regenprognosen für die Mitte des Kontinents zurück. Glücksache eben!

www.timeanddate.com, www.weatherzone.com.au

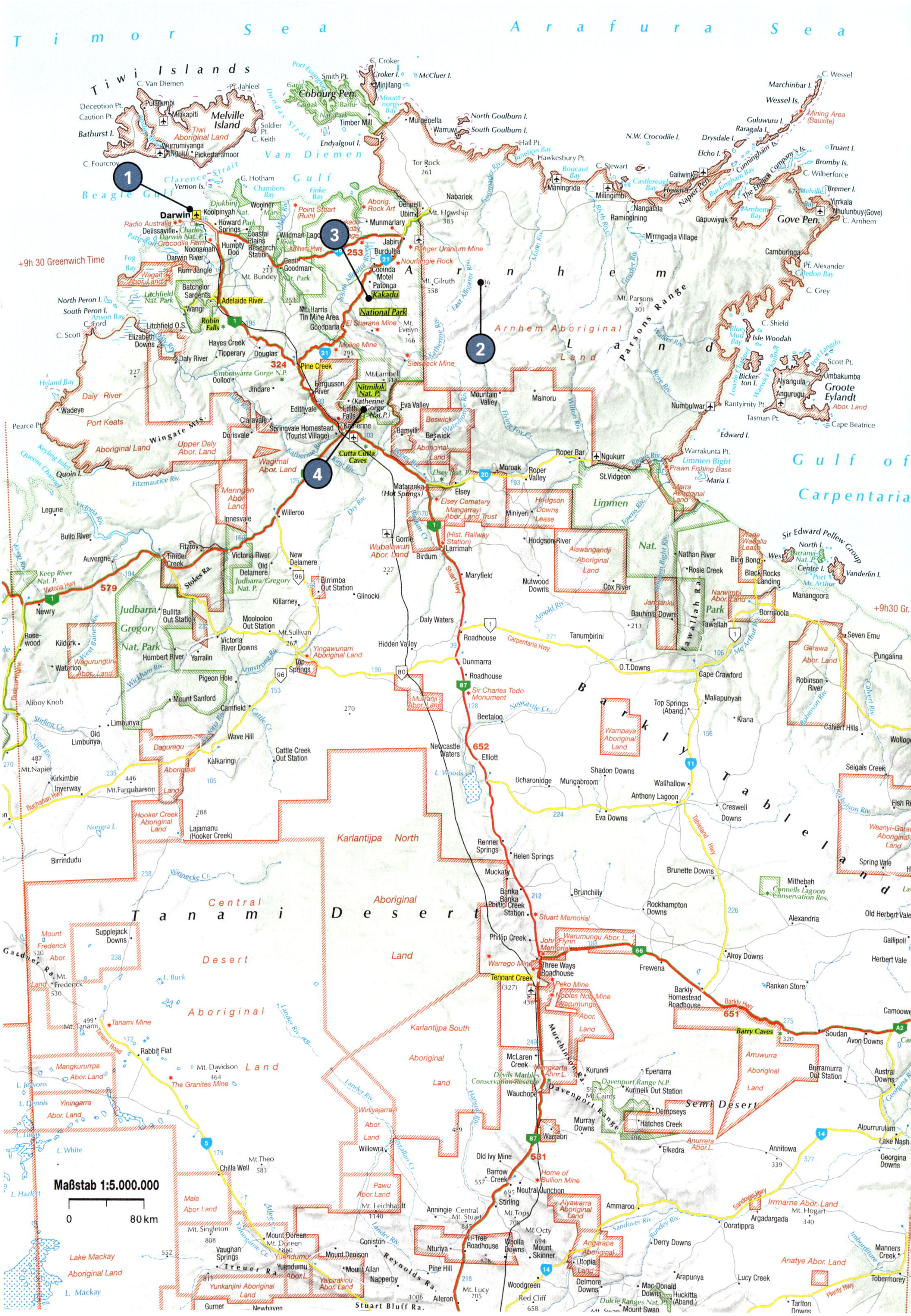
Timor Sea
Arafura Sea
Tiwi Islands
Melville Island
Tiwi Aboriginal Land
C. Van Diemen
Pt. Jahleel
Deception Pt.
Caution Pt.
Bathurst I.
Pularumpi
Milikapiti
Wurrumiyanga (Nguiu)
Pickertaramoor
Soldier Pt.
C. Keith
C. Fourcroy
Dundas Strait
Van Diemen Gulf
Clarence Strait
Beagle Gulf
Vernon Is.
G. Hotham
Chambers Bay
Finke Bay
Cobourg Pen.
Smith Pt.
C. Croker
Croker I.
McCluer I.
Minjilang
Mountnorris Bay
Garig Gunak Barlu Nat. Park
Timber Mill
Endyalgout I.
Murgenella
Warruwi
North Goulburn I.
South Goulburn I.
Hall Pt.
Junction Bay
Hawkesbury Pt.
Tor Rock 261
Boucaut Bay
Maningrida
C. Stewart
Milingimbi
Castlereagh Bay
Nangalala
Ramingining
N.W. Crocodile I.
Drysdale I.
Elcho I.
Galiwinku
Howard I.
Napier Pen.
Mirrngadja Village
Gapuwiyak
Marchinbar I.
C. Wessel
Wessel Is.
Mining Area (Bauxite)
Guluwuru I.
Raragala I.
Cunningham Is.
The English Company's Is.
Truant I.
Bromby Is.
C. Wilberforce
Bremer I.
Melville Bay
Yirrkala
Nhulunbuy (Gove)
C. Arnhem
Gove Pen.
Buckingham Bay
Arnhem Bay
Camburinga
Pt. Alexander
Caledon Bay
C. Grey
1
2
3
4
Darwin
Koolpinyah
Djukbinj Nat. Park
Woolner
Mary River
Point Stuart (Ruin)
Aborig. Rock Art
Oenpelli
Ubirr
Mt. Howship 385
Nabarlek
Munmarlary
Radio Australia
Delissaville
Charles Darwin Nat. P.
Crocodile Farm
Howard Springs
Humpty Doo
Coastal Plains Research Station
Wildman Lagoon
Arnhem Hwy.
Jabiru
Ranger Uranium Mine
Nourlangie Rock
Burdulba
Cooinda Motel
Patonga
Kakadu National Park
Noonamah
Darwin River
Rum Jungle
Mt. Bundey
Cecil Goodman Nat. Park
Mt. Gilruth 558
Patterson Bay
Fog Bay
Wagait Abor. Land
Litchfield Nat. Park
Batchelor
Sargents
Adelaide River
Wangi
Robin Falls
Mt. Harris
Tin Mine Area
Goodparla
El Sharana Mine
Mt. Evelyn 366
Moline Mine
North Peron I.
South Peron I.
Anson Bay
C. Ford
C. Scott
Litchfield O.S.
Elizabeth Downs
Hayes Creek
Tipperary
Douglas
Pine Creek
Sleisbeck Mine
Daly River
Umbrawarra Gorge N.P.
Oolloo
Jindare
Mt. Lambell
Nitmiluk Nat. P. (Katherine Gorge Nat. P.)
Fergusson River
Edith Falls
Katherine
Edithvale
Hyland Bay
Daly River
Wadeye
Port Keats
Aboriginal Land
Wingate Mts.
Claravale
Springvale Homestead (Tourist Village)
Dorisvale
Upper Daly Abor. Land
Pearce Pt.
Keyling Inlet
Queens Channel
Quoin I.
Fitzmaurice Riv.
Wagimal Abor. Land
Katherine Riv.
Cutta Cutta Caves
Mennen Abor. Land
Legune
Innesvale
Willeroo
Victoria Riv.
Bullo River
Auvergne
Fitzroy
Timber Creek
Stokes Ra.
Victoria River
Old Delamere
Judbarra/Gregory Nat. P.
New Delamere
Keep River Nat. P.
Victoria Hwy
Newry
Judbarra Gregory Nat. Park
Bullita Out Station
Moolooloo Out Station
Birrimba Out Station
Gilnocki
Killarney
Mt. Sullivan
Rosewood
Kildurk
Wagurungun Abor. Land
Humbert River
Yarralin
Victoria River Downs
Yingawunarri Aboriginal Land
Top Springs
Hidden Valley
Daly Waters
Waterloo
Pigeon Hole
Armstrong Riv.
Wickham Riv.
Mount Sanford
Camfield
Aliboy Knob
Limbunya
Old Limbunya
Wave Hill
Cattle Creek Out Station
Dagaragu
Kalkaringi
Aboriginal Land
Mt. Napier
Kirkimbie
Inverway
Mt. Farquharson
Buchanan Hwy.
Hooker Creek Aboriginal Land
Lajamanu (Hooker Creek)
Nongra L.
Birrindudu
Karlantijpa North Aboriginal Land
Central Tanami Desert Aboriginal Land
Tanami Desert
Mount Frederick Abor. Land
Supplejack Downs
Gardner Ra.
Mt. Frederick
L. Buck
Mt. Tanami
Tanami Mine
Tanami Road
Rabbit Flat
Mt. Davidson 464
The Granites Mine
Mangkururrpa Abor. Land
L. Jeavons
L. Dennis
Yiningarra Abor. Land
L. Lucas
L. White
L. Hazlett
Maßstab 1:5.000.000
0
80 km
Chilla Well
Mt. Theo 583
Mala Abor. Land
Mt. Singleton 808
Vaughan Springs
Lake Mackay Aboriginal Land
L. Mackay
Treuer Ra.
Yunkanjini Aboriginal Land
Gurner
Newhaven
Mount Doreen
Mt. Doreen 860
Yuendumu
Yuendumu Abor. L.
Yalpirakinu Abor. Land
Mount Denison
Mount Allan
Napperby
Reynolds Ra.
Stuart Bluff Ra.
Coniston
Pawu Abor. Land
Mt. Leichhardt
Willowra
Wirliyajarrayi Abor. Land
Lander Riv.
Karlantijpa South Aboriginal Land
Eva Valley
Beswick Abor. Land
Bamyili
Beswick
Mountain Valley
Mainoru
Flying Fox Cr.
Wilton Riv.
Roper Bar
Ngukurr
Moroak
Roper Valley
Elsey Nat. P.
Mataranka (Hot Springs)
Elsey
Elsey Cemetery
Mangarrayi Abor. Land Trust
Miniyeri
Hodgson Downs Lease
Gorrie
Wubalawun Abor. Land
Birdum
Hist. Railway Station
Larrimah
Hodgson River
Alawangandji Aboriginal Land
Maryfield
Nutwood Downs
Cox River
Arnhem Land
Arnhem Aboriginal Land
Parsons Range
Mt. Parsons 301
Blue Mud Bay
C. Shield
Isle Woodah
Bickerton I.
Numbulwar
Rantyirrity Pt.
Groote Eylandt Abor. Land
Alyangula
Angurugu
Umbakumba
Scott Pt.
Port Langdon
Tasman Pt.
Cape Beatrice
Edward I.
Warrakunta Pt.
Limmen Bight Prawn Fishing Base
Maria I.
St. Vidgeon
Marra Aboriginal Land
Gulf of Carpentaria
Limmen Nat. Park
Nathan River
Rosie Creek
Wuagalla Lease
Sir Edward Pellew Group
North I.
West I.
Barranyi Nat. P.
Centre I.
Vanderlin I.
Port Mc Arthur
Bing Bong
Black Rocks Landing
Manangoora
Narwinbi Abor. Land
Borroloola
Jarrankunu
Bauhinia Downs
Tawallah Ra.
Tawallah
+9h30 Gr.
+9h 30 Greenwich Time
Seven Emu
Pungalina
Garawa Abor. Land
Robinson River
Calvert Hills
Roadhouse
Carpentaria Hwy.
Tanumbirini
O.T. Downs
Cape Crawford
Dunmarra
Roadhouse
Sir Charles Todd Monument
Newcastle Cr.
Beetaloo
Top Springs (Aband.)
Mallapunyah
Kiana
Barkly Tableland
Wampaya Aboriginal Land
Newcastle Waters
Elliott
L. Woods
Ucharonidge
Mungabroom
Shadon Downs
Wallhallow
Anthony Lagoon
Creswell Downs
Eva Downs
Tablelands Hwy.
Seigals Creek
Wollogorang
Fish River
Waanyi-Garawa Aboriginal Land
Spring Vale
Renner Springs
Helen Springs
Muckaty
Banka Banka
Phillip Creek Station
Brunchilly
Brunette Downs
Mithebah
Connells Lagoon Conservation Res.
Rockhampton Downs
Stuart Memorial
Alexandria
Old Herbert Vale
Phillip Creek
John Flynn Memorial
Warumungu Abor. L.
Warrego Mine
Three Ways Roadhouse
Tennant Creek (327)
Frewena
Alroy Downs
Gallipoli
Herbert Vale
Peko Mine
Nobles Nob Mine
Warumungu Abor. Land
Barkly Homestead Roadhouse
Ranken Store
Barkly Hwy.
Barry Caves
Soudan
Avon Downs
Camooweal
Murchison Ra.
McLaren Creek
Devils Marbles Conservation Reserve
Mangkarta Abor. L.
Kurundi
Epenarra
Davenport Range N.P.
Mt. Cairns
Kurinelli Out Station
Wauchope
Davenport Range
Dempseys
Hatches Creek
Semi Desert
Arruwurra Aboriginal Land
Burramurra Out Station
Austral Downs
Georgina Riv.
Murray Downs
Wauchope
Wantabri
Anurrete Abor. L.
Elkedra
Annitowa
Alpurrurulam
Lake Nash
Georgina Downs
Old Ivy Mine
Barrow Creek
Home of Bullion Mine
Neutral Junction
Stirling
Mt. Tops
Alyawarra Aboriginal Land
Ammaroo
Sandover Hwy.
Irrmarne Abor. Land
Mt. Hogarth
Argadargada
Annigie
Central Mt. Stuart 847
Ti-Tree Roadhouse
Nturiya
Woolla Downs
Mt. Octy
Mount Skinner
Anganapa Aboriginal Land
Sandover Riv.
Utopia
Ooratippra
Derry Downs
Manners Creek
Anatye Abor. Land
Pine Hill
Mt. Lucy 705
Woodgreen
Red Cliff
Aileron
Delmore Downs
Arapunya
Mac Donald Downs
Huckitta (Aband.)
Dulcie Ranges Nat. P.
Mount Swan
Lucy Creek
Tobermorey
Plenty Hwy.
Tarlton Downs
Stuart Hwy
Buntine Hwy.
Duncan Hwy.
579
324
253
652
651
531
1
20
21
87
96
66
11
14
5
A2

Ungezähmte Wildnis in uralten Landschaften

Alljährlich im Mai, wenn der tropische Norden nicht mehr in apokalyptischen Regenfällen zu ertrinken scheint, blüht der Tourismus auf. Dann beruhigt sich die Natur. Und an der Küste muss Darwin keine zerstörerischen Wirbelstürme mehr fürchten, sondern entspannt in der Sonne mit ansteckender kosmopolitischer Lebensfreude.

Boot für die heitere Darwin Beer Can Regatta

1 Darwin

Die Hauptstadt des Northern Territory ist das einzige urbane Zentrum weit und breit. Bereits im 17. Jh. segelten holländische Seefahrer an der Küste vorbei, daher Namen wie Arnhem Land und Van Diemen Gulf. An dem Naturhafen gründeten um 1870 freie Siedler die Ortschaft Palmerston. Die wurde 1911 in Darwin umbenannt, nach dem englischen Biologen Charles Darwin. Die moderne Stadt macht es Besuchern leicht, sie zu erobern: Der Stuart Highway führt aus südlicher Richtung geradewegs ins Zentrum, wo die meisten Sehenswürdigkeiten zu Fuß erreichbar sind. Allerdings sollte man seinen Rundgang außerhalb der schwülen Mittagshitze unternehmen.

SEHENSWERT

Die wenigen aus der Zeit vor dem Wirbelsturm „Tracy" (1974) erhaltenen Baudenkmäler sind einen Blick wert: Die **Police Station and Old Courthouse** (Ecke Smith St./The Esplanade) wurde 1884 aus Kalkstein errichtet und später schön restauriert, das koloniale **Government House** (Esplanade) in der Nähe präsentiert sich strahlend weiß als ältestes Gebäude der Stadt, von der steinernen **Old Town Hall** (Ecke Smith/Bennett St.) von 1883 dagegen sind nur Ruinen geblieben. Der **Wharf Precinct** am Wasser ist derzeit das ehrgeizigste Projekt der Stadtplaner. Der **Waterfront Precinct** ist ein attraktives Restaurant-Viertel mit einer hübschen Schwimm-Lagune und Hotels (www.waterfront.nt.gov.au). Tipp für Fußgänger: Am Ende der Smith St. fährt ein Lift zur Wharf. So gelangt man auch zur Stokes Hill Wharf, wo an Pier 7 stimmungsvolle Dinner Cruises starten (z. B. mit der „Alfred Nobel", Tel. 08/89 42 31 31, www.darwinharbourcruises.com.au).
Seit den 1950er-Jahren haben die Fische im Hafengewässer die Angewohnheit, mit der Flut zur **Aquascene**, im Norden des Bicentennial Park, zu schwimmen, sie werden dort von Menschenhand – v. a. von Kindern – gefüttert (28 Doctor's Gully Rd.). Im **Crocodylus Park** im Osten der Stadt spielen Leistenkrokodile die Hauptrolle. Um die Tausend von ihnen leben in den Gehegen, Krokodilbullen wie just geschlüpfte Mini-Echsen. Kinder haben hier sicher viel Spaß. Wissenslücken schließt das angeschlossene Croc Museum (815 McMillans Rd., Berrimah, 15 Fahrminuten vom Zentrum,

Tipp

Deckchair Cinema

Unter meist wolkenlosem Himmel, bei lauer Seeluft, in Liegestühlen mit einem Drink in der Hand Filme gucken – das Deckchair Cinema am Hafen von Darwin macht's möglich. 350 Sitze laden zum relaxten Kinobesuch vor der malerischen Kulisse ankernder Schiffe ein. Snacks darf man mitbringen, Alkohol gibt's an der Bar, ein kleines Buffet zuvor, und wer sich am Eingang ein Kissen organisiert, sitzt bequemer.

INFORMATION
Jervois Rd., Darwin Wharf Precinct, Tel. 08/89 81 07 00 (aktuelles Filmprogramm), www.deckchaircinema.com, tgl. ab 18.30 Uhr

Tipp

Sunset Markets

Wenn die Sonne untergeht, kommt Leben in die Mindil Beach Sunset Markets: Händler legen ihre Waren aus, in Garküchen wird dem Wok kräftig eingeheizt und Straßenkünstler bereiten sich auf ihren großen Auftritt vor. Beim abendlichen Markttreiben am Strand treffen sich Einheimische und Touristen in zwangloser Atmosphäre. Genau das war die Idee der Initiatoren, die 1987 im tropischen Ambiente einen Markt nach asiatischem Vorbild arrangierten. Hier gilt es, Spaß zu haben. Donnerstags ist immer mehr los als sonntags.

INFORMATION
Gilruth Ave., Mindil Beach, Darwin, www.mindil.com.au, letzter Do. im April bis letzter Do. im Okt. 17.00–22.00, So. 16.00–21.00 Uhr

tgl. 9.00–17.00, Fütterung: 10.00, 12.00, 14.00, 16.00 Uhr, www.crocoldyluspark.com). Die **Darwin Crocodile Farm** handelt mit dem Leder der Riesenechsen. Im großen Stil und ganz legal, denn die Tiere werden hier zu diesem Zweck gezüchtet (40 km südl. am Stuart Hwy., tgl. 9.00–16.00 Uhr). Südlich der Farm zeigt der **Territory Wildlife Park** die heimische Tierwelt.

MUSEEN

Viele, die sich auskennen, halten die Aborigine-Kunstsammlung im **Museum & Art Gallery of the Northern Territory** für die wertvollste des Kontinents, zumal die Exponate aus verschiedenen Landesteilen im Norden stammen: von Schnitzereien der vorgelagerten Tiwi Islands bis Rindenmalereien aus Arnhem Land. Daneben widmet es sich der Tierwelt, der Seefahrtsgeschichte und Zyklon „Tracy" (Conacher St., Fannie Bay, Mo.–Fr. 9.00–17.00, Sa., So. ab 10.00 Uhr, www.magnt.net.au).

EVENTS

Alljährlich im Juli/August ist Darwin Austragungsort der **Beer Can Regatta.** Dazu werden am Mindil Beach waghalsige Konstrukte aus leeren Bierdosen zu Wasser gelassen – seit über 30 Jahren eine Riesensause. Regeln gibt's nur wenige, dafür jede Menge Spaß.

HOTELS

Einen Steinwurf vom Stadtzentrum entfernt, bietet das große € **Travelodge Mirambeena Resort** (64 Cavenagh St., Tel. 08/89 46 01 11, www.tfehotels.com, 225 Zi.) eine attraktive Badelandschaft sowie ein gutes Restaurant.

Tipp

Gefahr im Wasser

Stinger, Box Jelly Fish oder Sea Wasp (zu Deutsch: Seewespe oder Würfelqualle) meinen alle dasselbe: die hochgiftige Quallenart in den Küstengewässern Australiens. Gefahr droht aber nur in den Sommermonaten, von November bis April. Dann sollte man zum Baden Strandabschnitte aufsuchen, die durch Netze geschützt sind. Die Berührung mit den bis zu drei Meter langen Tentakeln ist nicht nur schmerzhaft, sondern kann tödlich sein. Für Erste-Hilfe-Maßnahmen steht vielerorts Essig bereit, mit dem die befallenen Hautstellen eingerieben werden. Schnellste ärztliche Versorgung ist vonnöten!

INFORMATION

Tropical Australian Stinger Research Unit der James Cook University unter www.jcu.edu.au/stingers

Bauten der Magnettermiten im Litchfield National Park (oben); durch den Kakadu National Park (rechts oben und unten)

RESTAURANTS

Die **Stokes Hill Wharf** kann sich sehen lassen: ein Mix aus Take-aways und anspruchsvollen Restaurants, u. a. €€ / €€€ **Crustaceans on the Wharf** (Tel. 08/89 81 86 58, www.crustaceans.net.au), Spezialität sind Meeresfrüchte. Im €€ **Yots Greek Taverna** (Cullen Bay Marina, 54 Marina Blvd., Tel. 08/89 81 44 33, www.yots.com.au) tischt man griechisch auf.

EINKAUFEN

Wer hochwertige Aborigine-Kunst oder authentisches Kunsthandwerk erwerben will, ohne Staub schlucken zu müssen, wird in Darwin fündig, z. B. in der **Framed-Gallery** (55 Stuart Hwy/Ecke Geranium Street, www.framed.com.au), der **Mason Gallery** (7/21 Cavenagh St., www.mason gallery.com.au), bei **Aboriginal Fine Arts** (Ecke Mitchel/Knuckey Sts., www.aaia.com.au) und der **Readback Aboriginal Art Gallery** in der Fußgängerzone (32 Smith St.), die eine große Auswahl an preiswerten Aborigine-Paintings vorhält (fast alles mit Zertifikat; auf den Wert erhebt der deutsche Zoll ca. 7 % bei der Einfuhr nach Deutschland).

UMGEBUNG

115 km trennen den schönen **Litchfield National Park** von Darwin. Über diese Distanz können Australier nur lachen und fallen an Wochenenden in Scharen ein. Übernachtet und gegessen wird in der Ortschaft Batchelor. Alternativ fährt man 40 km weiter südlich bis **Adelaide River** am Stuart Highway. Im Adelaide River Inn (106 Stuart Hwy., www.adelaideriverinn.com) sieht der ausgestopfte Wasserbüffel aus dem Film „Crocodile Dundee" den Gästen beim Verzehr der Barramundis zu.

INFORMATION

Visitor Information Centre, 6 Bennett St. (Ecke Smith St.), Darwin, Tel. 13 00 13 88 86, www.tourismtopend.com.au

2 Arnhem Land

Die Weite des Arnhem Land im Nordosten übt einen großen Reiz auf Outback-Reisende aus.

SEHENSWERT

Der Zugang zur **Wildnis** ist für Individualreisende ohne entsprechende Erlaubnis („permit") verboten. Am sichersten ist eine geführte Tour, z. B. mit Davidson's Arnhemland Safaris (Tel. 08/89 27 52 40, www.arnhemland-safaris.com und www.savannah-guides.com.au).

INFORMATION

Northern Land Council, 45 Mitchell St., Darwin, Tel. 1800 64 52 99 (hier werden die „permits" vergeben), www.nlc.org.au

3 Kakadu National Park

Eine Vielzahl an Vogelarten, Krokodilen, Wasserfällen, Felsbildern der Aborigines – der National Park weiß zu beeindrucken.

SEHENSWERT

Zwei Tage reichen gerade so aus, um die unbändige Schönheit des **Kakadu National Park** TOPZIEL annähernd zu begreifen – auch wenn Veranstalter Tagestouren mit dem Bus ab Darwin anbieten. Morgens sind Tausende Vögel schon rege, Dingos tauchen am Ufer auf und später dösen Krokodile in der aufsteigenden Sonne. 50 km nördl. von Jabiru liegt **Ubirr Rock,** 35 km südwestlich **Nourlangie Rock,** beide mit Malereien der Aborigines versehen. Die eigenwillige Architektur des **Bowali Visitor Centre** (s. u.) ist ein echter Blickfang: Drinnen werden Fakten zum Kakadu National Park in anschaulichen Happen serviert, Wege zu Felsmalereien der Ureinwohner gewiesen sowie Ausflüge zu Wasser und zu Land angeboten. Hier erhält man auch den Nationalpark-Pass, der Pflicht ist (25 A$ p. P.).

AKTIVITÄTEN

Nicht verpassen sollte man die **Bootstour zu den Krokodilen** im Adelaide River – am eindrucksvollsten mit Spectacular Jumping Crocodile Cruise (Window on the Wetlands, Tel. 08/89 78 90 77, www.jumpingcrocodile.com.au).

UNTERKÜNFTE
Zentrale Übernachtungsorte im Park sind Jabiru und Cooinda, man hat hier die Wahl zwischen Campingplatz und Komforthotel. Das €€/€€€ **Mercure Kakadu Crocodile Hotel** (Kakadu Hwy., Jabiru, Tel. 08/89 79 90 00, www.kakadutourism.com) macht seinem Namen alle Ehre und sieht aus der Luft aus wie ein erstarrtes Riesen-Croc.

INFORMATION
Bowali Visitor Centre, Kakadu Hwy. (5 km westlich von Jabiru), Tel. 08/89 38 11 20, www.tourismtopend.com.au, www.kakadunationalparkaustralia.com, www.parksaustralia.gov.au

4 Katherine

Zu touristischer Bedeutung hat es diese Kleinstadt an der Kreuzung von Stuart und Victoria Highway eigentlich nur wegen ihrer Nähe zum **Nitmiluk National Park** mit seiner interessanten Katherine Gorge gebracht. Katherine (ca. 10 000 Einw.) ist neben Tennant Creek die einzige größere Ansiedlung bis Alice Springs im Süden.

EVENTS
Jährlich im Mai strömen die Leute von weit her zum **Katherine Country Music Muster**. Drei Tage lang (Fr.–So.) unterhält Live-Musik am Katherine Museum (Gorge Rd.).

UMGEBUNG
Auch der **Nitmiluk National Park** lädt nur in der trockeneren Jahreszeit (Mai–Sept.) zu einem Besuch ein. Dann ist der Katherine River schiffbar und man kann auf dem Wasserweg die aufregende **Katherine Gorge** **TOPZIEL** kennenlernen. Die Sandsteinschlucht ist in 13 Abschnitte unterteilt. Die meisten Ausflugsboote kehren allerdings bereits am zweiten um, der zugegebenermaßen für die Kamera am meisten hermacht (Touren über www.nitmiluktours.com.au, z. B. die zweistündige Fahrt „Nit Nit Dreaming"). Ein schöner Campingplatz befindet sich am Nitmiluk Visitors Centre. Von Katherine sind es ca. 60 km auf asphaltierter Straße bis zum Flussufer und zur Anlegestelle der Boote. Wer im Frischwasser der **Leliyn/Edith Falls** baden will (am schönsten sind die „upper falls"), muss 40 km nördlich der Stadt auf dem Abzweig vom Stuart Highway zum Park vordringen (mit Campingplatz, aber ohne Stromanschluss).

INFORMATION
Katherine Visitor Centre, Ecke Stuart Hwy./Lindsay St., Tel. 08/89 72 26 50, www.visitkatherine.com.au
Nitmiluk Centre: Gorge Rd., am Katherine River, unweit der Bootsanlegestellen, Tel. 08/89 73 88 88, tgl. 8.00–18.00 Uhr (Informationen zu Wanderungen und Kanu-Trips bekommt man direkt vor Ort; lehrreiche Ausstellung zur Natur im Park), www.parksandwildlife.nt.gov.au

Genießen Erleben Erfahren

DuMont Aktiv

Vogelschau im Kakadu

Wenn die Regenzeit vorbei ist, kommen ornithologisch Interessierte im Kakadu National Park voll auf ihre Kosten. Zahlreiche Vögel wagen sich jetzt wieder an die Ufer der zurückweichenden Überschwemmungsgebiete. Vom Wasser aus sind die scheuen Tiere am besten zu beobachten. Super, wenn Sie ein Fernglas dabeihaben!

Sanft, fast lautlos treibt der Elektromotor das Ausflugsboot durch die glatte Wasseroberfläche des Yellow Water Billabong. Ab Mai herrscht von Tag zu Tag mehr Trockenheit im Kakadu National Park. Nur das Buffalo Gras sieht beinahe aus wie immer – denn die Pflanze täuscht selbst bei Dürre mit frischem Grün.

Hoch oben und schwer wahrnehmbar – würde nicht der Bootsführer einen Fingerzeig geben – sitzt ein Vogel mit weißer Brust und braunen Flügeln, der wie selbstverliebt in den Wasserspiegel zu starren scheint: „Vanity Bird" wird die Reiher-Art deshalb im Volksmund genannt, „eitler Vogel". Dabei hat er natürlich nichts anderes im Sinn, als einen Fisch zu ergattern. Oben im Baumwipfel thront ein Jabiru in seinem massiven Nest. Kingfisher (Eisvögel) gibt es zuhauf zu entdecken. Manchmal muss man ganz genau hinschauen und erkennt dann, dass das Geschnatter zwischen den Ästen nicht von einer Gans stammt, sondern von einem Seeadler. Oder dass plötzlich ein zierlicher Vogel mit unglaublich langen Krallen behände übers Wasser läuft: „Jesus Bird" heißt er, „Comb-crested Jacana" nennt man ihn ornithologisch korrekt.

Weitere Informationen

Angebote: Bootstouren (1,5 oder 2 Std.) ab Cooinda mehrmals tgl., während der Regenzeit seltener oder gar nicht, ab 99 A$

Reservierung: Yellow Water Cruises, Cooinda Lodge, Cooinda, Tel. 08/89 79 15 00, www.kakadutourism.com

Mit einem Ausflugsboot geht es durch den National Park.

BankWest
AMP

Urbanität am Swan River

Western Australia erfreut sich wachsender Beliebtheit, als Wahlheimat und Wirtschaftsstandort ebenso wie als Urlaubsziel. Dank schneller Flugverbindungen und gut ausgebauter Landstraßen haben die gewaltigen Entfernungen im größten Bundesstaat Australiens an Schrecken verloren. Umso mehr locken die unverdorbenen Landschaften mit faszinierenden Naturwundern und endlosen Traumstränden, die jeden Abend aufs Neue einen glühenden Sonnenuntergang verheißen.

Die entlegene und doch boomende Hauptstadt Perth verwöhnt mit sonnigem Wetter und urbanen Annehmlichkeiten.

Die City von Perth ist dicht bebaut, Wolkenkratzer bestimmen den Charakter der Skyline. Von Kings Park und dem Botanischen Garten aus kann man den Blick über die Stadt genießen.

Fremantle ist als Freizeitziel beliebt, entsprechend gut besucht sind die Cafés.

Es ist noch nicht so lange her, da schien der Westen einfach auf der falschen Seite des Kontinents zu liegen: Während das koloniale Australien an der Ostküste aufblühte und dichter besiedelt wurde, blieb das weite Land jenseits der damals unüberwindbaren Wüstenei fast menschenleer. Im 17. Jahrhundert hatten zwar die Holländer die Westküste bereits entdeckt, doch schnell jegliches Interesse an dem vermeintlichen Ödland verloren.

Erde voller Reichtümer

Schließlich kamen sie in Scharen: Gegen Ende des 19. Jahrhunderts hatten Goldsucher von unermesslichen Funden zwischen Kalgoorlie und Coolgardie gehört. „The Golden Mile" geriet zum größten Goldproduzenten der Welt – vorübergehend, denn bald ließ die Ausbeute nach und der inzwischen als Western Australia angeschlossene Bundesstaat verkam erst einmal wieder zur verschlafenen Provinz. Heute trägt „The Golden Mile" immerhin noch gut die Hälfte zur Goldförderung auf dem Kontinent bei. Doch wirtschaftlich bedeutender wurden Bodenschätze wie Eisenerz, Bauxit, Mangan, Nickel, Erdgas und Erdöl. Gewaltige Vorkommen unter der Erde haben Westaustralien schließlich als Schatzkammer der Nation wohlhabend und selbstbewusst gemacht. Inzwischen sprechen Exper-

Bodenschätze machen den Westen zur Schatzkammer.

Ganz vorsichtig schnappen die Delfine bei Monkey Mia nach dem Fisch.

Per Boot lässt sich die zerklüftete Küste der Kimberleys gut erkunden.

Die Inseln vor Kimberleys Küste – ein unbewohnter, karger Landstrich

In wogendem Schritt geht es auf den Kamelen dem Sonnenuntergang entgegen.

Ningaloo Reef

Special

Abtauchen zu Korallengärten

Farbenprächtige Korallenriffe, erfüllt von bunt schillernden Fischschwärmen, nur wenige Schwimmzüge vom Strand entfernt: So etwas gibt es selten. Westaustraliens türkisblaues Schnorchel- und Tauchparadies liegt vor der Coral Coast, dort, wo der südliche Wendekreis des Steinbocks (Tropic of Capricorn) die Subtropen von den Tropen trennt.

Vom Tauchboot ins Wasser zu gleiten ist wie in die Badewanne zu steigen. Denn der Indische Ozean ist hier um die 27 °C warm und behaglich seicht, kaum eine Welle schwappt ins Gesicht. Wer abtaucht, muss auf gigantische Meeresbewohner gefasst sein: Etwa 13 Meter misst der Walhai. Der größte Fisch überhaupt sieht nicht gerade aus wie ein Kuscheltier, ist aber völlig harmlos und anrührend scheu. Er ernährt sich von Plankton und anderen Kleinstlebewesen. 250 Korallen- und 520 Fischarten leben vor der

Das Tauchparadies vor Augen

Coral Coast. Wie schwarze Schatten dahingleitende Mantarochen gehören dazu, aber auch Buckelwale, die hier zwischen Juni und November auftauchen. Und Korallen, die zwar wie Unterwasserpflanzen aussehen, aber Nesseltiere mit Polypengestalt sind. Ihre kalkhaltigen Röhren verwachsen über Jahrtausende zu großen Riffen. Die Meereswelt am Ningaloo Reef ist zweifellos besser intakt als die Korallenlandschaft am Great Barrier Reef.

ten, die jüngste Wirtschaftskrise schon wieder hinter sich wissend, euphorisch von einer „boomenden Ökonomie" im entlegenen Westen.

Erste Adresse am Swan River

Perth ist die Hauptstadt von Western Australia und stolz auf die Schwarzen Schwäne, die sich unbehelligt am Flussufer tummeln. Der holländische Entdecker Willem de Vlamingh machte sie hier 1697 ausfindig und taufte den Fluss deshalb Swan River. Nur folgerichtig, dass der „Black Swan" zum Wappentier des Bundesstaates gekürt wurde und als solches die Flagge von Western Australia ziert. Viel zu lange hat Perth als „entlegenste Großstadt der Welt" gedarbt. Jetzt feiert sie ihren kometenhaften Aufstieg zur Boomtown des Landes. Das rasante Wirtschaftswachstum liegt weit über dem Durchschnitt, und nirgendwo sonst in Australien leben mehr Millionäre pro Quadratkilometer. Die Bevölkerungszahl von Perth steigt sprunghaft an: Das australische Amt für Statistik geht davon aus, dass 2050 fast 3,5 Millionen Einwohner (derzeit 2,1) hier leben werden, was die gesamte Infrastruktur umkrempeln würde. Noch muss die Stadt allenfalls bei einigen wenigen Großereignissen einen wahren Menschenandrang bewältigen – so

Am Traumstrand Coral Bay genießen die Gäste
tiefblaues Wasser und weißen Sandstrand.

Wasser ist das dominierende Thema am Indischen Ozean. Mit den Booten hinausfahren zur faszinierenden Unterwasserwelt, tauchen, im lauwarmen Wasser baden oder schnorcheln, all das ist hier möglich.

Die bizarre Dünenlandschaft der Pinnacles im Nambung National Park, abseits des Highways

„Die Alten sangen ihren Weg durch die ganze Welt. Sie sangen die Flüsse und Bergketten, die Salzpfannen und Sanddünen."

Bruce Chatwin, Traumpfade

beim jährlich im Sommer stattfindenden UWA Perth International Arts Festival.

Kunststücke der Natur

Auf dem Weg durch die monotone Weite bringt die Landschaft den Reisenden immer mal wieder zum Staunen. Zum Beispiel im Nambung National Park, wo bis zu vier Meter hohe Kalksteinsäulen aus goldgelbem Dünensand aufragen. Selbst Wissenschaftler schütteln angesichts der Pinnacles Desert den Kopf. Denn wie genau die bizarre Landschaft entstanden ist, weiß keiner. Nur dass der Kalkstein von uralten Meeresablagerungen stammt und zur gefügigen Modelliermasse für Wellen, Wind und Wetter wurde, weil sich im Laufe der Erdgeschichte unterschiedliche Härten herausgebildet hatten. Ca. 340 Kilometer von der Küste entfernt, bei Hyden, hat die Erosion mit weicheren Schichten im Untergrund leichtes Spiel gehabt und den gewaltigen Wave Rock geschaffen: Die steinerne Riesenwelle begann sich vor ca. 2700 Millionen Jahren aufzubäumen. Im Norden des Bundesstaats dagegen zeugen die schwarz-gelb gestreiften Sandsteinhügel der Bungle Bungle Range im Purnululu National Park von erodierenden Turbulenzen aus Millionen Jahre währender Erdgeschichte. Der empfindliche Sandstein wäre vermutlich längst zerbröckelt, wenn nicht der feste Überzug aus dunklen Flechten und heller Kieselerde Halt geben würde. Bekannt wurde die Farborgie der Natur übrigens erst 1982 durch Aufnahmen aus der Luft.

28 Jahre zuvor hatten Geologen das Rätsel um den Hamelin Pool an der Shark Bay gelöst und dabei die ältesten Lebewesen auf der Erde entdeckt: Kolonien von im seichten Salzwasser blubbernden Mikroben, sogenannte Stromatolithen – eine Sensation!

Delfine beim Frühstück

Knietief steht der Ranger im Wasser, in der Hand einen Eimer mit vielen kleinen Fischen drin. Die Fütterung der Delfine kann beginnen. Immer morgens, von ca. 7 Uhr an, tauchen vor dem weißen Strand von Monkey Mia keilförmige Rückenflossen auf: Keine angriffslustigen Haie drehen hier ihre Runden, sondern hungrige, friedliche Delfine vom Typ „Großer Tümmler" (Bottlenose dolphin) – einige haben sogar ihre Jungen dabei. Der Ranger zeigt den Besuchern am Strand, wie man´s macht. „Das Futter hinten an der Schwanzflosse fassen und unter Wasser mit ausgestreckter Hand den Delfinen hinhalten. Bitte nicht streicheln, die

In Baumwipfelhöhe geht es den Tree Top Walk
im Valley of the Giants entlang.

Baobab Tree bei Derby: Der rundliche Stamm speichert große
Mengen an Wasser für Trockenzeiten.

Die Mitchell Falls lohnen den Abstecher von der Gibb River Road.

Special

Perlenzucht

Kostbares aus Perlmutt

Vor der nordwestaustralischen Küste haben reiche Austernvorkommen Broome zu Beginn des 20. Jahrhunderts als Perlen-Metropole weltbekannt gemacht. Heute muss niemand mehr nach Austern tauchen, um auf eine Perle zu stoßen. Zuchtbetriebe manipulieren die Muscheltiere durch das Implantieren eines Fremdkörpers, um viele und möglichst runde Kostbarkeiten aus Perlmutt ernten zu können. Es kann Jahre dauern, bis Perlen herangebildet werden. Oft wird der Fremdkörper auch abgestoßen, dann war die Arbeit umsonst. Röntgenaufnahmen kontrollieren das Wachstum der Perlen, doch wie sie beschaffen sind, zeigt sich erst beim Öffnen der Austern: Unregelmäßig geformte, die „Baroques", bringen wenig ein. Doch sogenannte „half pearls" gefallen. Haut ist sehr empfindlich!" Schnapp, und weg ist der Fisch. Ganz vorsichtig, allenfalls mit einem zärtlichen Stups, fressen die Tümmler einem aus der Hand. Eine gewisse Mrs. Watts, Ehefrau eines passionierten Hochseeanglers, war die Erste, die sich an der Shark Bay mit den Delfinen anfreundete und ab 1964 die Tiere hier regelmäßig fütterte. Um die 300 Tümmler leben in der Bucht. Zum Frühstück kommen immer nur ein paar, meist dieselben, von den hiesigen Rangern „Nicky", „Puck" oder „Piccolo" genannt. Sie sind nicht gezähmt, aber dennoch ohne Scheu vor den Menschen, von denen sie hier noch nie etwas Böses erfahren haben.

Auch Broome boomt

Die einsame Stadt am Indischen Ozean hat es tatsächlich geschafft: erst Perlen-Zentrum, jetzt Touristen-Metropole. Dabei hatte selbst der Namensgeber Sir Frederick Napier Broome keinerlei Vertrauen in diesen Ort: „Nicht mehr als drei Gräber und ein paar Umherziehende", das war im 19. Jahrhundert auch Down Under nichts, worauf man stolz sein konnte. Perlentaucher schließlich sorgten für den Aufschwung. Nicht immer freiwillig, denn viele Aborigines wurden gezwungen, ohne Ausrüstung auf dem Meeresgrund nach den seltenen Preziosen zu suchen. Später erledigten vor allem japanische Taucher die lebensgefährliche Arbeit. Viele der Taucher kamen bei ihrer Arbeit ums Leben, einige Hundert ruhen auf dem japanischen Friedhof der Stadt. Doch erst die in Japan entwickelte Technik der Perlenzucht bescherte der Küstenstadt diesen ebenso einträglichen wie krisensicheren Wirtschaftszweig.

> Perlentaucher sorgten schließlich für den Aufschwung.

Touristen dringen nur ab und an einmal vor in die spannende Historie der Küstenstadt, deren multikulturelle Atmosphäre eher asiatisch denn westlich geprägt ist. Es lockt vor allem der berühmte Cable Beach. Dieser feinsandige Prachtstrand heißt so, weil hier von 1889 an die einstige Telegrafenleitung nach Südasien verlief.

Wer aber den Ruf der Wildnis vernimmt, der kehrt den mondänen Hotels am Cable Beach wahrscheinlich schon sehr bald den Rücken, um sein ganz persönliches Australien-Abenteuer in der dünn besiedelten Wildnis der Kimberley Ranges zu suchen.

Die einladendsten Weingüter

Weinselig unterm Südhimmel

Bei Sonnenuntergang, wenn die flimmernde Hitze milder Abendluft weicht, genießt man einen fruchtigen Sauvignon Blanc aus dem Barossa Valley – perfekt! Später, zum delikaten Dinner, mundet ein tasmanischer Shiraz mit Charakter. Oder soll es ein würziger Chardonnay vom Margret River sein? Erlesene Tropfen von den besten Weingütern des Landes. Cheers!

1 Sevenhill

Der „2009 Brother John May Reserve Release Shiraz" kostet an die 100 A$ pro Flasche, ist aber auch eine Wucht: dunkelrot und kräftig, zugleich fruchtig-elegant und samtweich im Abgang. Preiswerter sind die preisgekrönten Rieslinge. Die Jesuiten, denen das älteste Weingut im Clare Valley nach wie vor gehört, führen sogar Messwein im Angebot: drei süße Sorten für je unter 20 A$ die Flasche.

111C College Rd., Sevenhill, SA, Tel. 08 / 88 43 42 22, www.sevenhill.com.au

2 Seppeltsfield

Tradition, Klasse und ein exzellentes Marketing: Das idyllisch gelegene Weingut zelebriert Weingenuss als Event. Verkosten Sie hier den Wein Ihres Geburtsjahres oder lassen Sie einen 100 Jahre alten Port (Tawny) ganz genüsslich die Kehle hinunterrinnen. Die aufregende Familiengeschichte der deutschstämmigen Winzer wird im historischen Weinkeller lebendig.

Seppeltsfield Rd., Seppeltsfield, Barossa Valley, SA, Tel. 08 / 85 68 62 17, www.seppeltsfield.com.au

3 Peter Lehmann

Ein Weingut wie aus dem Bilderbuch: historische Steinmauern und ein herrlicher Park mit Picknick-Tischen unter hohen Eukalyptusbäumen. Im Barossa Valley führt keine Weinprobe an der renommierten Kellerei vorbei. Besonderer Stolz unter den mehr als 40 Weinsorten ist der Stonewell Shiraz, der es seit über 20 Jahren jedes Mal in die Liga der besten australischen Weine schafft.

Pere Rd., Tanunda, Barossa Valley, SA, Tel. 08 / 85 65 95 55, www.peterlehmann.com

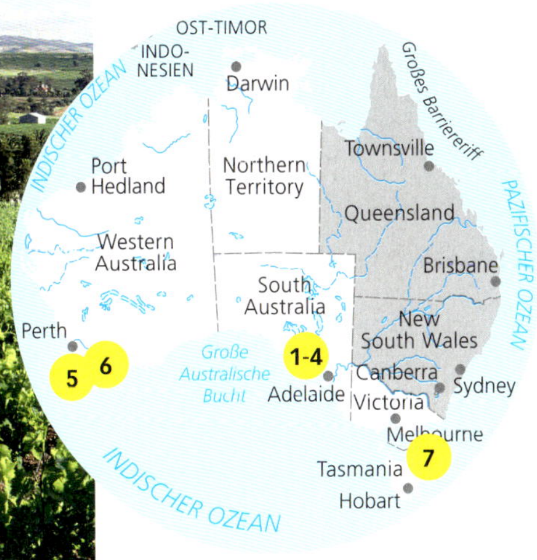

4 D'Arenberg

Gleich einem Adlernest thront die liebevoll restaurierte Homestead aus dem 19. Jahrhundert oberhalb der kleinen, aber feinen Weinregion südlich von Adelaide. Die Lage ist so traumhaft wie die Rundumsicht: Rebenfelder so weit das Auge über die Hügellandschaft reicht. Richtig gut sitzen Sie in d'Arry's Verandah Restaurant: Der 3-courses-Lunch für 80 A$ und dazu der passende Wein machen einfach glücklich. Probieren Sie den „Swinging Malaysian Single Vineyard Shiraz". Der Weingenuss ist so abenteuerlich wie der Name.

Osborn Rd., McLaren Vale, SA, nur Lunch, Tel. 08/83 29 48 88, www.darrenberg.com.au

5 Vasse Felix

Nicht nur der Wein ist außerordentlich, auch das angeschlossene Restaurant. Nehmen Sie zum Lunch Platz im Obergeschoss mit weitem Blick über schier endlose Reben! Die Küche ist „Modern Australian", die Karte extravagant: „venison, celeriac, brussels sprout, date, cigar" können Sie z. B. als Hauptgericht bestellen – und echt gespannt sein, was da Delikates auf den Tisch kommt. Dazu empfiehlt sich ein Cabernet Sauvignon, der hier im mediterranen Klima hervorragend gelingt.

Ecke Caves Rd./Tom Cullity Dr., Margaret River, WA, Tel. 08/97 56 50 00, tgl. 10.00 bis 15.00 Uhr, www.vassefelix.com.au

6 Xanadu

Kenner schwärmen von den Xanadu Reserve Chardonnays, und die vielen Auszeichnungen geben ihnen Recht. Verkosten Sie den Cabernet Sauvignon oder genießen Sie den Wein auf der rustikalen Terrasse des Restaurants, wo die Meeresbrise Rosmarin- und während der Blütezeit Lavendelduft heran weht. Drinnen ist es urgemütlich, selbst an kühlen Tagen – dank des großen Kamins.

Boodjiup Rd., Margaret River, WA, Tel. 08/97 58 95 00, tgl. 12.00 bis 15.00 Uhr, www.xanaduwines.com

7 Jansz

Hier können Sie die Korken knallen lassen und sich von der Qualität tasmanischen Schaumweins überzeugen: Das kleine Weingut verfuhr beim Sparkling Wine als Erstes nach der „Méthode Tasmanoise" – in Anlehnung an die „Méthode Champenoise", weil das kühle Inselklima vieles mit dem der französischen Champagne gemein haben soll. Die Flasche Tassie-Schampus gibt es ab 25 A$, den schönen Blick auf den malerischen, oft nebelverhangenen See gratis dazu.

1216B Pipers Brook Rd., Tamar Valley, TAS, Tel. 03/63 82 70 66, www.jansz.com

Maßstab 1:10.000.000
0
250 km
Timor Sea
Sahul Shelf
Scott Reef
Admiralty Gulf
C. Londonderry
Joseph Bonaparte Gulf
Bonaparte Archipelago
York Sound
Drysdale Riv. N.P.
Kalumburu
Forrest Riv. Abor. Ld.
Wyndham
Kununurra
Heywood Is.
Buccaneer Arch.
Abor. Land
Mt. Hann 779
Drysdale Riv.
Durack Riv.
L. Argyle
C. Leveque
Sunday Strait
Collier Bay Abor. Ld.
Beagle Bay Abor. Ld.
Kimberley
Derby
Mt. Ord 937
King Leopold Ras.
Mt. Bedford 914
Purnululu N.P.
Ord Riv.
Broome
Fitzroy Riv.
Fitzroy Crossing
Nicholson
Halls Creek
La Grange
Rowley Shoals
INDIAN OCEAN
7450
Great Sandy Desert
Wallal Downs
Sandfire Flat Roadhouse
Larrey Pt.
Port Hedland
De Grey Riv.
Sturt Cr.
Exmouth Plateau
820
Montebello Is.
Dampier Archipelago
Dampier
Roebourne
Barrow I.
Mary Anne Passage
Millstream Chichester N.P.
Marble Bar
Yandeearra Abor. Land
Balwina Abor. Land
Percival Lakes
L. White
Onslow
North West C.
Exmouth
Nullagine
Telfer
Pilbara
Hamersley Range
Wittenoom
Ningaloo Marine Park
Nanutarra Roadhouse
1235
Mt. Frederick
Karlamilyi Nat. P.
L. Dora
L. Blanche
L. Mackay Abor. Land
L. Mackay
Walagunya Abor. Land
Mt. Palgrave 700
Paraburdoo
Hamersley Range Nat. P.
Newman
Jiggalong Abor. Land
L. Disappointment
Central L. MacDonald
North West Basin
Kennedy Range N.P.
L. MacLeod
Ashburton Riv.
Haasts Bluff Abor. Land
Geographe Channel
Gibson Desert
Mt. Augustus 1105
Collier Ra. Nat. P.
Mt. Madley 534
Gibson Desert Nat. Res.
Austr L. Hopkins
L. Amadeus
Gascoyne Riv.
Mt. Gascoyne 789
Kumarina Roadhouse
Petermann Abor. Land
Carnarvon
Gascoyne Junction
Western Australia
Uluru N. P.
Shark Bay
Francois Peron N.P.
Wooramel Roadhouse
L. Burnside
Aboriginal
Dirk Hartog I.
Steep Pt.
Denham
Mt. Hale 732
L. King
L. Carnegie
Herbert Wash
L. Gillen
Mt. Talbot 623
Warburton
Mt. Cockburn 1138
Stevensons Peak 1319
Overlander Roadhouse
Murchison Riv.
Hope Riv.
Mt. Squires 705
Land
Amata
Tomkinson Ras.
1070
Mt. Kin
Zuytdorp Cliffs
Meekatharra
Wiluna
L. Way
L. Wells
Great Victoria Desert
Mt. Sir Thomas
Twin Peaks
Dalgaranga Hill 652
L. Austin
Abor. Land
Nat. Res.
Pitjantjatjara Aboriginal Land
Kalbarri Nat.P.
Ajana
Geelvink Chan.
Mount Magnet
Sandstone
Agnew
Cosmo Newbery Mission
Neale Junction Nat. Res.
Yeo L.
Northampton
Yalgoo
Laverton
Geraldton
Mullewa
Mongers L.
L. Barlee
Leonora
L. Carey
Great Victoria Desert Nat. Res.
Maralinga-Tjarutja Abor. Land
Plumridge Lakes
Jubilee L.
Morawa
Paynes Find
L. Moore
Dongara
Menzies
L. Minigwal
L. Maurice
Eneabba
L. Rebecca
Cundeelee Abor. Land
Nullarbor Plain
Maralin
Wubin
Badgingarra
Pithara
Koolyanobbing
Kalgoorlie
Cervantes
Moora
Coolgardie
Zanthus
Rawlinna
Deakin
Goomalling
Southern Cross
Loongana
Merredin
L. Lefroy
Nullarbor N. P.
PERTH
Northam
L. Cowan
Eucla Basin
Eucla Motels
Head of Bight
Fremantle
Darling Ra.
The Johnston Lakes
Balladonia Motel
Norseman
Mandurah
Kulin
L. Dundas
Twilight Cove
Williams
Narrogin
F. Hann N. P.
Dundas Nat. Res.
Nuytsland Nat. Res.
Pt. Culver
Bunbury
Wagin
Lake Grace
Salmon Gums
Geographe Bay
Collie
Ravensthorpe
Tower Pk. 524
Cape Arid Nat.P.
Great Australian Bight
C. Naturaliste
Busselton
Kojonup
Jerramungup
Esperance
Israelite Bay
Cape Pasley
Naturaliste Plateau
Bridgetown
Esperance Bay
Augusta
C. Leeuwin
Manjimup
1110
Fitzgerald River Nat.P.
Archipelago of the Recherche
Flinders Bay
Mount Barker
Stirling Ra. N.P.
C. Knob
D'Entrecasteaux Nat. P.
Walpole
Bald Head
Albany
5428
1
2
3
4

Auf der entlegenen Seite des Kontinents

Immer mehr Touristen entdecken den ca. 3000 Kilometer langen Küsten-Highway als verlässlichen Weg zur Sonne. Zwischendurch wird die lange Fahrt auf scheinbar endlosem Asphaltband angenehm unterbrochen: von hübschen Weingütern, erstaunlichen Naturphänomenen, fotogenen Sonnenuntergängen und von Perth.

1 Perth

Die Hauptstadt des Bundesstaats Western Australia verwöhnt mit sonnigem Wetter und urbanen Annehmlichkeiten. Nichts in der dicht bebauten, gut gelaunten City lässt erahnen, dass nur wenige Hundert Kilometer außerhalb leere Wüstenei beginnt. Vielmehr entführt der Swan River zu Jachthäfen vor luxuriösen Wohnvierteln, um sich bei Fremantle in den Indischen Ozean zu ergießen. „Freo", wie der lebenslustige Vorort von Perth genannt wird, fungiert erst seit Ende des 19. Jh.s als Seehafen.

SEHENSWERT

Im **Aquarium of Western Australia** im Norden der Stadt lässt ein knapp 100 m langer, durchsichtiger Unterwassertunnel Mantas, Haie und Meeresschildkröten die Besucher umkreisen. Ein tolles Erlebnis, gerade für Kinder (Hillarys Boat Harbour, West Coast Dr., Hillarys, tgl. 10.00–17.00 Uhr, www.aqwa.com.au). Viele halten **Fremantle** für die Hauptattraktion von Perth. Tatsächlich hat der Vorort am Hafen (ca. 19 km südl.) viel zu bieten. Am Wochenende locken zusätzlich die **Fremantle Markets** unter dem Dach der 1897 eröffneten **Victoria Market Hall** (Fr.–So.) auf die Hauptflaniermeile im Zentrum. Wer sich für die spannende Historie der Hafenstadt interessiert, sollte das ursprünglich 1831 als Gefängnis errichtete **Round House** (10 Arthur Head Rd., tgl. 10.00–15.30 Uhr) und das **Arts Centre and History Museum** (Ecke Ort/Finnerty St., tgl. 10.00–17.00 Uhr) besuchen.

MUSEEN

Die kulturellen Attraktionen konzentrieren sich im Perth Cultural Centre: In der **Art Gallery of Western Australia** ist die Sammlung mit Aborigine-Kunst hervorzuheben, das **Perth Institute of Contemporary Art** (ab 9.30 Uhr) geht mit zeitgenössischer Kunst mutige Wege und das **Western Australian Museum** (tgl. 9.30–17.00 Uhr, www.museum.wa.gov.au) vereinigt tolle Ausstellungen zu Natur und Geschichte (Northbridge, James St. Mall, tgl. Führungen). Das Thema Seefahrt steht im Mittelpunkt des **Western Australia Maritime Museum** in Fremantle (9.30–17.00 Uhr).

AKTIVITÄTEN

Warum nicht Fahrräder mieten, um den 400 ha großen **Kings Park** mit den angeschlossenen **Botanic Gardens** zu erkunden? Die herrlichen Grünanlagen an den Hängen des Mount Eliza bescheren tolle Ausblicke auf Stadt und Fluss, vor allem vom **Kings Park Lookout** und vom **DNA Observation Tower.** Fahrradverleih am Parkplatz/Fraser Avenue oder in der Stadt: About Bike Hire, Point Fraser Reserve (City of Perth Carpark, 305 Riverside Dr., www.aboutbikehire.com.au, Tel. 08/92 21 26 65).
An den **Barrack Street Jetties** beginnen Bootsausflüge auf dem **Swan River,** sowohl flussaufwärts – in die malerische Weinregion des **Swan Valley** mit rund 80 oft kleinen Kellereien rund um das Dörfchen Guildford –, als auch flussabwärts zum Hafen von Fremantle (z. B. mit Captain Cook Cruises, Tel. 08/93 25 33 41, www.captaincookcruises.com.au). Auch die Fähren zu den Stränden der 18 km entfernten Ferieninsel **Rottnest Island** legen hier ab (Bailey's Marine Group, Tel. 08/94 21 58 88, www.rottnestexpress.com.au).

EVENTS

Jawohl, das älteste Kultur-Event der Südhalbkugel findet im jungen Westen statt: Beim **UWA Perth International Arts Festival** gehen im Februar drei Wochen lang Konzerte, Theaterstücke, Ballett, Musicals, Filme und Ausstellungen mit vielen Straßenkünstlern eine Liaison ein (www. perthfestival.com.au, Tel. 08/64 88 20 00).

HOTELS

Der schicke Apartment-Komplex € € **The Sebel East Residence** (60 Royal St., Tel. 08/92 23 25 00, www.mirvachotels.com.au) mit diversen Restaurants befindet sich flussnah am östlichen Rand der Innenstadt. Die großzügigen Zimmer bzw. Suiten bieten Kochgelegenheiten und die meisten auch schöne Blicke auf den Swan River. 57 Zi.

RESTAURANTS

Im € € **Fraser's Restaurant** (Fraser Ave/Kings Park, Tel. 08/94 81 71 00) ist die Küche „modern australisch" und der Fisch besonders gut. Toller Blick auf Park und Stadt.

Rund um Perth dreht sich vieles um edle Tropfen – vom Anbau bis hin zu Verkostung und Verkauf.

Das € **Cicerello's** (44 Mews Rd., Fremantle, Tel. 08/ 93 35 19 11) ist ein traditionsreiches Fish'n-Chips-Restaurant (seit 1903) – und eines von vielen Restaurants, die sich an der Fisherman's Wharf befinden.

UMGEBUNG

260 km nördlich von Perth, wo die Distanzen zwischen den Ansiedlungen spürbar größer werden, lohnt die Dünenlandschaft der Pinnacles Desert im **Nambung National Park**. Unterkünfte und Restaurants befinden sich nur 20 km nördlich in der Ortschaft **Cervantes.** Eigentlich paradox, die Küste 340 km hinter sich zu lassen, um am **Wave Rock** westlich von Perth auf dem Trockenen zu landen. Aber die scheinbar zu Granitfels erstarrte Riesenwelle

bei Hyden ist mit 15 m Höhe und 110 m Länge ein echter Hingucker. Austretende Mineralien bewirken illustre Farbenspiele. Rund 320 km südlich recken bei Walpole die Bäume im **Valley of the Giants** ihre Stämme bis zu 90 m hoch in den Himmel.
An der Küste südlich von Perth schwören ambitionierte Surfer auf die Wellen zwischen **Yallingup** und **Cape Leeuwin.** Ruhige Strandabschnitte zum Schwimmen findet man eher bei den populären Seebädern **Busselton** und **Dunsborough**. Nur wenige Kilometer landeinwärts ebnet die Cave Road überirdisch den Weg zu unterirdischen Abenteuern: Ein paar Hundert Tropfsteinhöhlen reihen sich hier aneinander, besonders faszinierend die farbig illuminierte **Jewel Cave** (tgl. Führungen 9.30 bis 16.00 Uhr) nördlich von Augusta aus. Die Siedlung **Margaret River** lockt mit exzellenten Weingütern in schönster Umgebung. Besucherströme müssen alljährlich im Mai beim **Margaret River Wine Region Festival** durchgeschleust werden.

Tipp

Auf Höckern unterwegs

Am Ende der Tour kriegt jedes Kamel eine Möhre – egal ob die Touristen einen sensationellen Sonnenuntergang erlebt haben oder nicht. Am Cable Beach enttäuscht das allabendliche Naturschauspiel außerhalb der Regenzeit zwar selten, aber garantieren können die Veranstalter nichts. Und so zieht die Karawane am späten Nachmittag hoffnungsvoll durch den weichen Sand: die Dromedare hintereinander mit Appetit auf Gemüse und obendrauf, schwankend, Touristen, den Horizont am Indischen Ozean im Auge. Nachdem die Vorfahren der australischen Kamele mit zunehmender Motorisierung als Lastentiere ausgedient hatten, wurden viele in den Wüsten sich selbst überlassen. Heute leben ca. 700 000 wilde Kamele auf dem Kontinent.

INFORMATION
Einstündiger Camel Sunset Ride, 80 A$, Broome Camel Safaris, Tel. 0419/91 61 01, www.broomecamelsafaris.com.au

INFORMATION
Western Australia Visitor Centre, 55 William St., Perth, Tel. 08/94 83 11 11 oder 13 00 36 13 51, www.westernaustralia.com, www.experienceperth.com, www.visitfremantle.com

2 Monkey Mia

Ein längerer Abstecher vom küstennahen North West Coastal Highway lohnt mit einem tierischen Erlebnis: Im stillen Wasser der Shark Bay kommen beinahe nach Stundenplan wilde Delfine zum Strand, um Menschen aus der Hand zu fressen. Die Bucht liegt im Süden des berühmten Ningaloo Reef, von dem Taucher und Schnorchler schwärmen.

SEHENSWERT
Im **Hamelin Pool** kann man 3,5 Mrd. Jahre alte Lebewesen bewundern. Weiter nördlich schmückt der 60 km lange **Shell Beach** mit Millionen weißer Herzmuschel-Schalen die Shark Bay. (Weitere Informationen auf S. 94/95)

HOTELS
Aus dem Bett fallen und gleich zum Strand gehen, um den Delfinen ihr Frühstück zu geben, gehört im € / € € € **Monkey Mia Dolphin Resort** (Monkey Mia Rd., Tel. 08/99 48 13 20 oder 1800 65 36 11, www.monkeymia.com.au, mit Campingplatz) zum Alltag.

UMGEBUNG
Etwa 150 km nördlich beginnt das **Ningaloo Reef** TOPZIEL, dessen Korallengärten sich von Coral Bay bis zum North West Cape erstrecken – eine märchenhafte, ca. 260 km lange Unterwasserwelt dicht vor der Küste. Die beiden Seebäder **Coral Bay** und **Exmouth** stehen als Ausgangspunkte für Tauch- und Schnorchel-Ausflüge zur Wahl. Zwischen März und Juni bekommt man weit vor der Küste bis zu 18 m lange, harmlose Whale Sharks (Walhaie) zu Gesicht. Gut 400 km östlich liegt der **Karijini National Park** mit seinen Schluchten.

INFORMATION
Information Centre im Shopping Centre Coral Bay, Tel. 08/99 42 59 55, www.coralbay.org; Visitor Centre, Murat Rd., Exmouth, Tel. 08/99 49 11 76, www.visitningaloo.com.au, www.australiascoralcoast.com

3 Broome

Die meisten Besucher der tropischen Küstenstadt landen weich am **Cable Beach** mit seinen luxuriösen Hotel- und Apartmentanlagen.

Cable Beach Club Resort (ganz oben); mitunter geht es wie im Wilden Westen zu: etwa auf einer Farm bei Derby (oben).

SEHENSWERT
Nur im 6 km entfernten Zentrum an der mangrovengesäumten **Roebuck Bay** ist etwas von der exotischen Atmosphäre aus den frühen Tagen der Perlenfischer erhalten. Chinatown lädt mit kleinen Läden in geduckten Häusern zum Bummel ein, Kneipen und Musik-Lokale öffnen, sobald der Abend ein wenig Kühlung bringt. Überwältigend ist das Angebot an Süßwasserperlen in den Geschäften.

MUSEEN
Hier wandelt man auf den Spuren der Perlentaucher: Im **Pearl Lugger Museum** mit zwei restaurierten Perlentaucherbooten im Wasser (31 Dampier Tce., Tel. 08/91 92 00 22, www.pearlluggers.com.au, Führung: Mo.–Fr. 11.00 u. 14.00, Sa., So. 11.00 Uhr), im **Broome Historic Museum** mit seiner reichen Foto- und Dokumentensammlung (67 Robinson St., Mo.–Fr. 10.00–16.00, Sa., So. 10.00–13.00, Okt.–Mai 10.00–13.00 Uhr) und auf dem **Japanese Cemetery** (Frederick St.) mit über 900 Gräbern.

EVENTS
Das **Shinju Matsuri** (Festival of Pearl) erinnert über 10 Tage im August mit japanischen Traditionen an die Perlen-Historie der Stadt (versch. Locations in Broome). **Staircase to the Moon** ist ein himmlisches Naturspektakel zwischen

Im stillen Wasser der Shark Bay kommen beinahe nach Stundenplan wilde Delfine zum Strand.

März und Oktober, wenn in der Roebuck Bay bei Ebbe besonders viel Meeresboden frei liegt und deshalb in klaren Nächten das Licht des aufsteigenden Vollmonds vom feucht-geriffelten Watt reflektiert wird. Als lebhafte Tribüne für die strahlende „Treppe zum Mond" fungiert der Town Beach mit einem Nachtmarkt und wohlriechenden Imbiss-Ständen.

HOTELS

Am Traumstrand Cable Beach befinden sich Adressen wie das € € € **Cable Beach Club Resort,** Tel. 08/91 92 04 00, www.cablebeachclub.com und € € / € € € **Bali Hai Resort,** 6 Murray Rd., Tel. 08/91 91 31 00, www.balihairesort.com.

EINKAUFEN

In den Juwelierläden glänzen Perlenschmuck und polierter Perlmutt. Schön ist, was gefällt! Wegen des Überangebots sind die Preise günstiger als anderswo. Qualität aus eigener Zucht findet man u. a. bei **Paspaley Pearls** (2 Short St.; östl.), der ersten australischen Pearl Farm überhaupt, sowie auf der **Willie Creek Pearl Farm** (38 km nördlich von Broome, www.williecreekpearls.com.au), einem Outlet am Cable Beach (2 Challenor Dr., Old Zoo Complex).

INFORMATION

Visitor Centre, 1 Hamersley St., Broome, Tel. 08/91 95 22 00, www.broomevisitorcentre.com.au

4 Kimberley

Eine Region dreimal so groß wie England – doch in Kimberley leben vielleicht gerade mal 40 000 Menschen. Von Broome aus führt der Great Northern Highway nach Osten an die Peripherie der ungezähmten Wildnis.

SEHENSWERT

Tiefer hinein sollte man sich nur mit 4WD und einer Outdoor-Ausrüstung wagen – auch auf die unbefestigte **Gibb River Road,** die ab Derby über ca. 660 km mitten durch die Kimberleys verläuft und nach Regenfällen oft unpassierbar ist. Überhaupt eignet sich nur die Trockenperiode von Mai bis November für Ausflüge abseits des Highway. Dort trifft man auch auf die **Baobab Trees** (Affenbrotbäume) mit ihren breiten Stämmen. Selbst der beliebte **Purnululu National Park** mit seinen Bungle-Bungle-Hügeln wird während der Regenzeit gesperrt. Dann führen nur Rundflüge das Naturphänomen vor Augen (ab Halls Creek z. B. Northwest Regional Airline, Tel. 08/91 68 52 11, www.northwestregional.com.au). Wer über kein 4WD-Fahrzeug verfügt, sollte sich geführten Landausflügen anschließen (z. B. Kimberley Adventure Tours ab Broome, 08/88 42 40 60 und 18 00 17 16 16, www.kimberleyadventures.com.au).

INFORMATION

siehe Broome. Und: Die deutsche Auswanderin Birgit Bradtke hat einen detaillierten Travel Guide über die Kimberleys geschrieben. Infos unter www.kimberleyaustralia.com

Genießen Erleben Erfahren

DuMont Aktiv

Date mit Delfinen

An den Küsten Westaustraliens kann man den Meeressäugern verblüffend nah kommen. In Schwärmen durchziehen die verspielten Tiere die Koombana Bay südlich von Perth.

Mitarbeiter des Dolphin Information Centre am Strand von Monkey Mia beaufsichtigen die Fütterung – ein Touristenspektakel. Die Delfine schwimmen in der Shark Bay ganz nah an den Strand, um sich aus der Hand füttern zu lassen. Sie schnappen dort sehr vorsichtig, beinahe zärtlich, nach dem hingehaltenen Fisch.

Rund 1000 Kilometer südlich, in der Koombana Bay bei Bunbury, ist Delfin-Beobachtung Sache ehrenamtlicher Helfer des hiesigen Dolphin Discovery Centre. Wenn es mit einer der Bootstouren hinausgeht in die Bucht, kann Delfine abzulichten zur Leidenschaft werden. Denn bald taucht neben der Reling der erste Schwarm in übermütigen Sprüngen auf, jeder Besuch erscheint wie eine willkommene Abwechslung. Das Boot stoppt und prompt schwimmen ein paar Delfine neugierig heran. Wer vorne am Bug steht, kann manchmal den vernarbten Rücken eines Tieres deutlich sehen – schuld ist der Zusammenprall mit einem Jet-Ski.

Weitere Informationen

Monkey Mia: Delfin-Fütterung zwei- bis dreimal tgl., Parks and Wildlife, Tel. 08/99 48 13 66, www.dpaw.wa.gov.au, www.sharkbay.asn.au oder www.sharkbayvisit.com, www.monkeymiadolphins.org, www.sharkbay.wa.gov.au

Shark Bay: Delfin-Törns: Monkey Mia Yacht Charters, Tel. 0818 00 03 04 27, www.perfectnaturecruises.com.au
Koombana Bay: Delfinbeobachtung mehrmals tgl., Dauer: 1,5 Std., ab 53 A$: Dolphin Eco Cruises, Tel. 08/97 91 30 88, www.dolphindiscovery.com.au

Die Delfine kommen bis an den Strand – ein beeindruckendes Schauspiel.

Sportlich Aktive kommen in Australien voll auf ihre Kosten – ob beim Wandern, Surfen oder beim geselligen Boulespiel.

Service

Keine Reise ohne Planung. Auf den folgenden Seiten haben wir für Sie Wissenswertes und wichtige Informationen für Ihren Australien-Urlaub zusammengefasst.

Anreise

Etwa 15–19 Stunden ist man von Mitteleuropa nach Australien im Flugzeug unterwegs. Die meisten Airlines fliegen über die Ostroute (Emirate, Asien), die Streckenführung über Los Angeles ist teuer und wegen der US-Einreisevorschriften kompliziert. Der Hin- und Rückflug über Asien kostet ca. 1000 bis 1200 Euro inkl. der hohen Kosten für Steuern, Gebühren und Kerosinzuschläge – die Preise sollte man sorgfältig vergleichen. Die meisten Fluggesellschaften erlauben 30 kg Gepäck auch für die Economy Class. Achtung: Bei Flügen innerhalb von Australien wird streng auf Gewicht und Abmessungen von Bordgepäck geachtet! Domestic flights lassen sich bei einigen Airlines (Qantas, Cathay Pacific, Emirates und Etihad) preiswert in das International Ticket integrieren, aber auch die Buchung über das Internet funktioniert gut (www.jetstar.com, www.tigerairways.com, www.flyscoot.com, www.viriginaustralia.com), auch über Portale wie www.wotflight.com. Die besten Stopover können Sie in Asien einlegen, besonders in Singapur und Hongkong. Eine gute Option für einen entspannten Flug bietet Cathay Pacific mit dem besten Preis-Leistungsverhältnis in der Premium Economy Class (ab Frankfurt und Düsseldorf, Tel. in Frankfurt: 069/71 00 87 77, www.cathaypacific.com). In beiden Städten gibt es attraktive Stopover-Hotels. Tipp: Wenn Sie morgens ankommen und abends weiter nach Australien fliegen, können Sie tagsüber bestens im Flughafenhotel entspannen. Das Gepäck wird durchgecheckt. Nach der Ankunft können Sie den Jetlag lindern, indem Sie z. B. einen kurzen (!) Mittagsschlaf einlegen. Infos: www.australien-info.de

Auskunft/Adressen/ Internet

Tourism Australia
Neue Mainzer Straße 22, 60311 Frankfurt/M., Tel. 069/27 40 06 22, www.australia.com/de-de

Australian Embassy
Wallstraße 76–79, 10179 Berlin, Tel. 030/88 00 88-0, www.germany.embassy.gov.au
Visa: Tel. 069/222 23 99 58, Mo., Mi., Fr. 9.00 bis 11.00 Uhr, visaquestions.berlin@dfat.gov.au

Deutsche Botschaft (in Australien)
119 Empire Circuit, Yarralumla, Canberra
Tel. 02/62 70 19 11, www.australia.diplo.de

Österreichische Botschaft
12 Talbot Street, Forrest, Canberra,
Tel. 02/62 95 15 33, www.austria.org.au

Schweizer Botschaft
7 Melbourne Avenue, Forrest, Canberra, Tel. 02/61 62 84 00, www.eda.admin.ch/australia

Australien-Infos im Internet
www.australia.gov.au (offizielle Webseite der australischen Regierung)
www.australien-info.de (aktuelle Infos vor und während der Reise, inkl. Newsletter)
www.exploroz.com (Touren-Tipps im Outback)
www.australien-links.de (Links zu anderen Websites, teils veraltet, aber doch nützlich)
www.buslines.com.au (Auflistung aller Verkehrsmittel in Australien)
www.australia.gov.au (offizielle Website der australischen Regierung)
www.australien-info.de (aktuelle Infos vor und während der Reise, inkl. Newsletter)

www.exploroz.com (Touren-Tipps im Outback)
www.bom.gov.au (Perfekter Service rund ums Wetter Down Under)
www.csu.edu.au/australia (Informative Seite der Charles Sturt University für Touristen)
www.news.com.au (News aus Australien)
www.newspapers.com.au (Online-Angebot australischer Zeitungen)
www.abc.net.au (Seite des „öffentlich-rechtlichen" TV- und Radiosenders Australiens)

Autofahren

In Australien benötigt man einen Internationalen Führerschein, der nur in Verbindung mit dem nationalen Führerschein gilt. Der Mietwagen sollte über eine Klimaanlage verfügen, ein Auto mit Allradantrieb (4WD) benötigt man nur für Strecken im Outback. Legen Sie die Reiseroute vor der Anmietung fest und erkundigen Sie sich, ob die (unbefestigten) Strecken mit dem Leihwagen befahren werden dürfen. Schließen Sie unbedingt eine Versicherung ohne Selbstbeteiligung ab. Die Mitgliedschaft in einem deutschen Automobilclub garantiert je nach Tarif auch Hilfe durch den australischen Partnerclub (Ausweis nicht vergessen!). Mit dem Wohnmobil kommt man gut durch den Kontinent, geländegängige Reisemobile sind allerdings teuer und für zwei Personen oftmals eng. Speziaveranstalter in Deutschland haben bessere Preise. Die größten Vermieter sind

Didgeridoo-Klänge vor atemberaubender Kulisse, getaucht in glühend rotes Abendlicht – that's Australia!

www.maui.com.au, www.apollocamper.com und www.keacampers.com. Es wird links gefahren, im Kreisverkehr gilt rechts vor links. Die Höchstgeschwindigkeit liegt bei 100 km/h, stellenweise auch bei 110 km/h, im Northern Territory bei 130 km/h, auf einem ca. 200 km langen Teilstück des Stuart Hwy zwischen Alice Springs and Barrow Creek gibt es kein Tempolimit. Alle Insassen müssen angegurtet sein, für Motorrad- und Fahrradfahrer besteht Helmpflicht. Die Alkoholgrenze liegt bei 0,5 Promille. Die Kontrollen sind streng. Am besten, Sie trinken als Fahrer gar keinen Alkohol! Telefonieren während der Fahrt ist verboten. Fußgänger auf dem Zebrastreifen haben Vorrang.

Einreise

Von Deutschen, Österreichern und Schweizern wird ein Besuchervisum verlangt (Aufenthalt bis drei Monate), das die australische Botschaft, aber auch die Fluggesellschaften bzw. das Reisebüro (meist) gratis ausstellen. Infos über die Electronic Travel Authority/ETA unter www.immi.gov.au. Der Reisepass sollte bei der Einreise noch mindestens drei, bei Stops in Südostasien mindestens noch sechs Monate lang gültig sein. Bisweilen wird auch das Rückflugticket kontrolliert und man muss genug finanzielle Mittel für den Aufenthalt nachweisen.

Elektrizität

Die Stromspannung beträgt 240 Volt/50 Hertz. Sie benötigen einen Steckdosenadapter für die dreipoligen Flachstecker, der z. B. in Elektro- oder Koffergeschäften erhältlich ist.

Essen und Trinken

Einwanderer aus allen Teilen der Welt haben kulinarisch ganze Arbeit geleistet. An den Küsten wird besonders reich und delikat aufgetischt. Wo vor der Haustür das Meer Fisch, Austern und Krustentiere liefert und nebenan in rauen Mengen saftige Früchte und knackiges Gemüse gedeihen, hat die Kochkunst leichtes Spiel. In den Ballungszentren Melbourne und Adelaide kommen selbst anspruchsvollste Feinschmecker auf ihre Kosten. „Modern Australian" heißt die Küche, die Rezepte aus allen Teilen der Welt kombiniert. Groß ist der Einfluss Asiens. Typisch australisch: Bush Tucker. Im Brotkorb liegt „Damper", ein Weißbrot, wie es einst von australischen Cowboys am Lagerfeuer im Outback gebacken wurde. Zur preiswerteren Verköstigung gibt es überall Schnellrestaurants: „Take Aways" heißen sie, weil man dort auch „Speisen zum Mitnehmen" bestellen kann; dazu gesellen sich Fish-&-Chips-Buden, Hamburger-Ketten, chinesische Imbisse und japanische Sushi-Theken, die sich im Zuge fettarmer Ernährung zunehmender Nachfrage erfreuen. Preiswert sind auch „Counter Meals", die in Gasthäusern – vor allem im Outback – als solide Hausmannskost über den Tresen („counter") gereicht werden. Gewöhnungsbedürftig für Europäer: Gerne Sa./So. und stets an Feiertagen erheben die Restaurants einen Aufschlag von 10 bis 15 Prozent.

Preiskategorien

für ein Hauptgericht

€ € €	Fein	über 24 €	(über 36 A$)
€ €	Mittel	17–24 €	(25–36 A$)
€	Preiswert	bis 17 €	(25 A$)

Feiertage und Feste

1. Januar – Neujahrstag (ist aber auch am folgenden Werktag ein Feiertag); 26. Januar – Australia Day (Nationalfeiertag); Mitte März – Labor Day (WA/TAS/VIC); Karfreitag und Ostermontag; 25. April – Anzac Day (Kriegsgedenktag); 1. Mai – Labor Day (QLD/NT); zweiter Montag im Juni – Queen's Birthday (außer WA, Ende Sept.); Anfang/Mitte Oktober – Labor Day (NSW/ACT/ SA); 25. Dezember – Christmas Day; 26. Dezember – Boxing Day
Fällt ein Feiertag auf einen Samstag oder Sonntag, wird er am darauffolgenden Montag „nachgefeiert". Einige Bundesstaaten haben eigene Feiertage. Ferien sind normalerweise Mitte Dezember bis Ende Januar, zwei Wochen nach Ostern, zwei Wochen Ende Juni/Anfang Juli und zwei Wochen im September/Oktober.

Geld

Währung ist der Australische Dollar (A$). Reiseschecks und Bargeld können Sie in den Banken wechseln, die Gebühren sind oft hoch. Sehr verbreitet sind Kreditkarten (auch in Supermärkten), nicht selten werden in Geschäften und bei Autovermietungen Aufschläge erhoben (ca. 2 Prozent), die Kreditkartenbank be-

Info

Daten & Fakten

Geografische Lage: Der ca. 7,69 Mio. km² große Kontinent liegt auf der Südhalbkugel zwischen Indischem und Pazifischem Ozean. Australien ist der sechstgrößte Staat der Erde, vergleichbar mit der Fläche der USA ohne Hawaii und Alaska. Die Hauptstadt ist Canberra (400 000 Einwohner), zu den größten Städten gehören: Sydney (4,7 Mio.), Melbourne (4,4 Mio.), Brisbane (2,3 Mio.), Perth (2,1 Mio.) und Adelaide (1,3 Mio.).
Landesnatur: Das westaustralische Tafelland, das große Sandwüsten sowie den Uluru (Ayers Rock) umfasst, nimmt fast den halben Erdteil ein. Angrenzend erstreckt sich in Nord-Süd-Ausrichtung die mittelaustralische Senke, die am Eyre-Salzsee 17 m unter dem Meeresspiegel liegt. Im Südosten steigt die parallel zur Küste verlaufende Great Dividing Range zum Mt. Kosciuszko, dem mit 2228 m höchsten Berg des Kontinents, an. Von den Inseln vor der 25 760 km langen Küstenlinie ist Tasmanien mit 68 400 km² die größte.
Bevölkerung: Ca. 24 Mio. Menschen leben in Australien. Auf einen km² kommen statistisch nur 3 Einwohner. Nach wie vor sind die meisten europäischer Abstammung, am deutlichsten steigt die Zahl der Australier mit Wurzeln in Asien. Der Anteil der Aborigines beträgt ca. 2,5 Prozent. Knapp 65 Prozent sind Christen, die meisten davon römisch-katholisch, dicht gefolgt von der anglikanischen Hochkirche. Landessprache ist Englisch.
Wirtschaft: Bodenschätze und Agrarprodukte bestreiten weitgehend den Export. Australien liefert weltweit die größten Mengen an Rindfleisch und Wolle. Auch bei der Edelsteinförderung führt die Nation: So kommen 95 Prozent aller Opale von Down Under.
Politik: Eine parlamentarische Demokratie mit der englischen Königin als Staatsoberhaupt regiert das Land. Australien ist Mitglied des Commonwealth. Die Bundestaaten und Territorien teilen sich mit unabhängigen Parlamenten die Verwaltung.

Land und Meer halten vielfältige Genüsse bereit: Wie wäre es z. B. mit einem eiskalten Bier, frischen Meeresfrüchten oder einer Weinprobe? Im Stillwater Café in Launceston wird Frühstück mit britischer Note serviert (oben).

Info

Geschichte

Etwa 50 000 v. Chr.: Aborigines erreichen über eine Landbrücke bei Papua Neuguinea den Kontinent.
1606: sichtet der Holländer Willem Jansz die heutige „Cape York Peninsula" und geht an Land, 1642 entdeckt der Holländer Abel Tasman eine Insel und nennt sie „Van Diemen's Land" (Tasmanien).
1770: James Cook erreicht auf der „Endeavour" die Botany Bay (bei Sydney). Am 22. August nimmt er auf Possession Island (bei Cape York) die Ostküste für George III. in Besitz.
1788: Die „First Fleet" erreicht den Kontinent. 548 Männer und 188 Frauen, allesamt Sträflinge aus England, verlassen die Schiffe. Wenige Tage später, am 26. Januar (heute Nationalfeiertag), wird die britische Flagge gehisst.
1793: Die ersten Siedler treffen ein.
1803: Der Kontinent heißt „New Holland", als Matthew Flinders beginnt, eine Küstenkarte zu erstellen. Von Flinders erhält Australien dann seinen Namen: Terra Australis.
1901: Sechs Kolonien (Queensland, New South Wales, Tasmania, Victoria, South Australia und Western Australia) bilden das „Commonwealth of Australia". Die Zahl der Aborigines (zu jener Zeit 60 000) ist seit der Ankunft der Europäer auf ein Fünftel gesunken.
1915: Im Kampf an der Seite der Engländer verlieren am 25. April über 8000 Australier der ANZAC-Truppe im türkischen Gallipoli ihr Leben. Der 25. April ist heute ANZAC-Day, ein nationaler Feiertag.
1928: Die Royal Flying Doctors nehmen ihren Dienst auf.
1939: Australien steht treu an der Seite der Alliierten im Zweiten Weltkrieg.
1973: Großbritannien tritt der EG bei, Australien verliert den wichtigsten Exportmarkt. Von nun an orientiert es sich gen Asien.
1993: Mit dem Urteil des Obersten Gerichtshofes bekommt der Aborigine Eddie Mabo die Murray-Inseln in der Torres Strait zugesprochen. Damit räumt die australische Rechtsprechung ein, dass sich der Kontinent vor der Besiedlung durch Europäer im festen Besitz der Aborigines befunden hat. Immer mehr Ländereien werden fortan an Aborigine-Stämme zurückgegeben, meist nach langen Streitigkeiten.
1999: Die australische Regierung beschließt eine Volksabstimmung zu der Frage, ob Australien 2001 eine Republik werden soll. Die Mehrheit entscheidet sich dagegen.
2000: Am 15. September werden in Sydney die Olympischen Spiele eröffnet.
2007/2008: Premier Kevin Rudd von der Labor Party äußert das jahrzehntelang immer wieder geforderte Wort „sorry", Entschuldigung, für die teils grausame Behandlung der Aborigines durch die weißen Einwanderer.
2010: wird Julia Gillard die erste Premierministerin Australiens.
2012: Kein gutes Zeugnis für Australien: Der World Wildlife Found (WWF) platziert den Kontinent auf dem siebten Platz derjenigen Länder, die die Umwelt am meisten belasten.
2015: Ein Misstrauensvotum gegen Tony Abbott (Konservative) bringt Malcolm Turnbull (Liberal Party) ins Amt des Premierministers – der vierte Wechsel in zweieinhalb Jahren.

rechnet zudem den Auslandseinsatz. Mit der EC-Karte kann man preiswerter an Bankautomaten Geld abheben. Erkundigen Sie sich bei Ihrer Hausbank, mit welchen Banken sie zusammenarbeitet und fragen Sie, wie viel Geld Sie pro Tag bzw. pro Monat abheben dürfen.
Achtung: Neue Versionen der EC-Karte mit Chip ohne Magnetstreifen (V Pay) eignen sich nicht zur Bargeldabhebung.

Gesundheit

Der medizinische Standard in Australien entspricht dem in Europa – zumindest in den Ballungsgebieten an der Küste. Für Reisen ins Outback sollten Sie eine kleine Notfallapotheke (Verbandszeug, Jod etc.) zusammenstellen. Wenn Sie gesetzlich versichert sind, schließen Sie zu Hause unbedingt eine Reisekrankenversicherung ab, in der auch ein Rücktransport eingeschlossen sein muss. Privatversicherte sollten ebenfalls prüfen, ob sie ausreichend abgesichert sind (z. B. bei einer Reisedauer über 6 Wochen). Impfungen sind nicht vorgeschrieben. In den nordöstlichen Gebieten Australiens (z. B. Townsville, Cairns) kann Dengue-Fieber, übertragen durch Mücken, auftreten. Die Symptome entsprechen denen einer schweren Grippe. Achtung ist natürlich auch vor der Sonneneinstrahlung geboten – das Land hat die höchste Hautkrebsrate der Welt. Beim Schnorcheln im Wasser verhindert ein T-Shirt einen gefährlichen Sonnenbrand. Apotheke heißt „chemist", deutschsprachige Ärzte vermitteln die Botschaften und Konsulate.

Hotels

Hotel, B&B, Motel: Wenn Sie in Australien nach einem „Hotel" fragen, kann es sein, dass man Ihnen den Weg zum örtlichen Pub weist. Besser ist die Bezeichnung „Accomodation" oder „Motel". Die australischen Autoclubs halten „Accomodation Guides" bereit, einen B & B-Führer gibt's in Buchhandlungen. Viele Motels liegen an den Haupteinfallstraßen der Städte. In der Hochsaison (Dezember/Januar) kann es an den Ferienorten entlang der Küste zu Engpässen kommen. Meist profitieren Sie von günstigen „Stand-by rates", wenn Sie nach der „best available rate" fragen. Es ist durchaus üblich, sich das Zimmer zuvor zeigen zu lassen. Ab 30 Tage vor Datum der Übernachtung kann man sehr einfach und preiswert bei www.wotif.com.au oder www.stayz.com.au

Preiskategorien

€ € €	Doppelzimmer über 180 € (über 270 A$)
€ €	Doppelzimmer 120–180 € (180–270 A$)
€	Doppelzimmer bis 120 € (bis 180 A$)

Info

Reisedaten

Flug ab Deutschland: ab 1000 Euro

Inlandsverkehr (Flug): Melbourne – Perth ca. 200–300 A$
Adelaide – Darwin ca. 250–300 A$

Währung: 0,66 Euro = 1 A$ (Stand: Aug. 2015)

Mietwagen: Mittelklassewagen ca. 75 A$
2-Bett-Campervan mit Dusche/WC ca. 145–190 A$ pro Tag

Post nach Europa: Postkarte und Brief 2,75 A$ (www.auspost.com.au)

Benzin: ca. 1,45 A$ pro Liter (Diesel 1,35 A$)

Hotel: Motelzimmer ca. 100–140 A$, Hotelzimmer (3–4 Sterne) ca. 180 bis 220 A$

Menü: ca. 70–80 A$ pro Person für drei Gänge in einem guten bis sehr guten Restaurant (ohne Getränke)

Hotelzimmer buchen. Beachten Sie bei Buchungen über das Internet aber unbedingt die oft teuren Storno-Bedingungen. Gute Hotelbeschreibungen bei www.tripadvisor.com und www.australianbedandbreakfast.com.au.
Backpacker: Diverse Backpacker-Organisationen bieten Rucksackreisenden einfache Unterkünfte, z. B. www.nomadsworld.com oder www.vipbackpackers.com, Infos zu Jugendherbergen unter www.yha.com.au.

Rauchverbot

Jeder Staat hat unterschiedlich strenge Rauchverbote. Überall ist das Rauchen in Kneipen, Restaurants, Flughäfen und öffentlichen Einrichtungen (z. B. Casinos) verboten. Queensland und Tasmanien haben die strengsten Gesetze. In Tasmanien ist das Rauchen im Auto verboten, wenn Kinder mitfahren. Perth hat die Innenstadt zur rauchfreien Zone erklärt.

Reisezeit

Australien ist fast zu jeder Jahreszeit ein Reiseziel. Zwischen Oktober und April findet man das angenehmste (Sommer-)Klima im Südosten vor. Auch der Südwesten und Perth sind dann besonders lohnend. Der Westen oberhalb des Wendekreises des Steinbocks (Capricorn), das Northern Territory einschließlich des Red Centre und der übrigen Outback-Regionen sind zwischen April und Oktober ideal zu bereisen. Zwar sind die Tage kürzer, das Klima aber ist angenehmer und nicht mehr schwül-warm mit heftigen Regenfällen.

Reisen im Land

Mit dem Flugzeug: Die Konkurrenz unter den Airlines ist groß, das hält die Preise niedrig. Online-Buchungen sind einfach und werden mit Kreditkarte abgewickelt. Man druckt das Ticket aus und zeigt beim Check-in seinen Ausweis. Achtung: Gepäck- und Stornobestimmungen sind streng. Regionale Airlines (z. B. www.rex.com.au) verkehren in den Bundesstaaten.

Mit Bahn und Bus: Im Vergleich zu Flügen sind solche Fahrten keine Schnäppchen. Den Interstate-Busverkehr dominiert Greyhound (Tel. 1300 47 39 46, www. greyhound.com.au). Lange Bahnreisen (z. B. „The Ghan" oder „Indian Pacific") sollten reserviert werden, wenn man einen Platz im Liegewagen möchte (www.railmaps.com.au, www.seat61.com, www.railaustralia.com.au, www.greatsouthernrail.com.au, www.buspass.de, www. explorer.de (zum Austrail-/Bahnpass, im Heimatland zu kaufen)).

Souvenirs

Alles, was „Made in Australia" ist, kann als „gutes Souvenir" bezeichnet werden. Die Auswahl an Opalen, T-Shirts und Stofftieren ist gigantisch. Kunsthandwerk der Aborigines (Malereien, Didgeridoos, Bumerangs) erstehen Sie am besten in Aboriginal Art Galleries in Alice Springs oder in Darwin.
Gut einkaufen können Sie in Australien Bademode, Wollpullover und Outdoor-Bekleidung. Wer für über 300 A$ in einem (!) Geschäft einkauft, kann auf die als Handgepäck (!) mitgeführte Ware am TRS-Schalter des Flughafens die Mehrwertsteuer geltend machen und bekommt ca. 10 Prozent des Warenwertes auf seine Kreditkarte zurückerstattet.

Sprache

Englisch – das mit dem Schulenglisch nichts zu tun hat. Der australische Dialekt ist ein Genuschel in atemberaubender Geschwindigkeit und wird als „strine" (gesprochen „strein") bezeichnet – was man wiederum mit einem genuschelten „Australian" vergleichen kann. Zudem ist der Abkürzungsfimmel der Aussies gewöhnungsbedürftig: „Barbie" steht für Barbeque, „mozzies" sind Moskitos etc.

Telefon

Notruf für Feuerwehr, Ambulanz und Polizei: 000
Vorwahl nach Australien: 0061. Für Telefonate von Australien ins Ausland: 0011, dann den Ländercode ohne Null (Deutschland „49", Österreich „43", Schweiz „41"), die Vorwahl der Stadt ohne Null, dann die Rufnummer. An den meisten öffentlichen Fernsprechern können Sie nur Telefonkarten benutzen (gibt es z. B. im Zeitschriftenhandel oder an Tankstellen). Über ein Dutzend Gesellschaften bieten internationale Calling Cards an, mit sehr niedrigen Tarifen (ca. 0,10 A$/Min.). In Australien können Sie Kunde eines „pre paid Mobile Service" werden, d. h. Sie tauschen einfach die SIM-Karte in Ihrem Mobiltelefon (Dual Band) aus und bekommen sofort eine eigene australische Nummer nebst Mailbox. Erkundigen Sie sich bei Ihrem Mobilfunkanbieter nach den Roaming-Gebüh-

Bequem unterwegs mit dem Indian Pacific in Richtung Perth

ren. 1800er-Rufnummern sind innerhalb Australiens gebührenfrei. 1300er-Nummern kosten eine einmalige geringe Gebühr.

Trinkgeld

„Tipping" wird in Australien nicht unbedingt erwartet, man lehnt ein Trinkgeld in Restaurants aber auch nicht mehr ab. Die Service Charge ist meist bereits in den Preisen enthalten und die Höhe des Trinkgelds sollte sich nach dem Grad der Zufriedenheit richten. Im Taxi wird stets auf einen „geraden" Dollar-Betrag aufgerundet.

Zeit

Australien gliedert sich in drei Zeitzonen:
Eastern Standard Time (EST, New South Wales, Canberra, Victoria, Tasmania, Queensland, MEZ +9 Std.),
Central Standard Time (CST, South Australia, Northern Territory, MEZ +8,5 Std.) und
Western Standard Time (WST, Western Australia, MEZ +7 Std.).
Jedes Jahr zur Sommerzeit (Daylight Saving zwischen Ende Oktober und Anfang April) werden in allen Bundesstaaten Australiens die Uhren wieder um eine Stunde vorgestellt – allerdings gilt dies nicht für das Northern Territory und auch in Queensland gibt es eine solche Zeitumstellung nicht.

Zoll

Streng wird darauf geachtet, dass keine pflanzlichen oder tierischen Produkte ins Land eingeführt werden. Neben der Reiseausrüstung für den erkennbar persönlichen Gebrauch dürfen pro Person noch 50 Zigaretten oder 50 Gramm Tabakprodukte zollfrei eingeführt werden sowie 2,25 l alkoholische Getränke (das gilt auch für Duty-Free-Einkäufe). Allgemeine Güter (Geschenke, Kameras, elektronische Ausrüstung) dürfen im Wert von bis zu 900 A$ zollfrei eingeführt werden.
Wenn Sie mehr als 10 000 A$ Bargeld (umgerechnet auch in anderer Währung) ein- oder ausführen, müssen Sie dies angeben. Die wichtigsten Zollfreigrenzen bei der Wiedereinreise ins europäische Heimatland, nach Deutschland, Österreich und in die Schweiz: 200 Zigaretten, 1 l hochprozentiger Alkohol oder 4 l Wein sowie Geschenke im Wert von bis zu 430 Euro pro Person.
Das Washingtoner Artenschutzabkommen verbietet die Einfuhr von Produkten, die aus geschützten Tieren hergestellt sind. Weitere Infos: www.border.gov.au, www.zoll.de

Info

Wetterdaten

	TAGES-TEMP. MAX.	TAGES-TEMP. MIN.	TAGE MIT NIEDER-SCHLAG	SONNEN-STUNDEN PRO TAG
Januar	27°	14°	5	9
Februar	26°	15°	4	8
März	25°	13°	6	7
April	21°	10°	6	6
Mai	16°	7°	9	4
Juni	13°	5°	8	4
Juli	13°	4°	9	4
August	14°	5°	11	5
September	16°	7°	10	6
Oktober	19°	8°	9	7
November	23°	10°	8	7
Dezember	25°	12°	6	8

Weißer Strand, türkisfarbenes Meer und strahlend blauer Himmel, garniert mit weißen Wölkchen – so präsentiert sich die Küste im Freycinet National Park.

Register

Fette Ziffern verweisen auf Abbildungen

Impressum

3. Auflage 2016

Verlag: DuMont Reiseverlag, Postfach 3151, 73751 Ostfildern, Tel. 0711/4502-0, Fax 0711/4502-343, www.dumontreise.de
Geschäftsführer: Dr. Thomas Brinkmann, Dr. Stephanie Mair-Huydts
Programmleitung: Birgit Borowski
Redaktion: Annegret Gellweiler (red.sign Stuttgart)
Text: Bruni Gebauer und Stefan Huy
Exklusiv-Fotografie: Clemens Emmler
Titelbild: Kängurubaby, Wildlife Habitat, Queensland (laif/Le Figaro Magazine/Martin)
Zusätzliches Bildmaterial: S. 4 u. r. LOOK-foto/Hauke Dressler, 5 u. iStockphoto/evemilla, 8/9 Bildagentur Huber/Maurizio Relli, 10/11 iStockphoto/Jan-Otto, 14/15 mauritius images/Reinhard Dirscherl, 16/17 LOOK-foto/Hauke Dressler, 18/19 laif/Bernd Jonkmanns, 20 l. laif/hemis.fr/Herve Hughes, 20 M. mauritius images/Alamy, 20 r. Getty Images/Andrew Bain, 21 o. l. mauritius images/Alamy, 21 o. r. LOOK-foto/age fotostock, 21 M. Shutterstock/balabolka, 21 u. vario images/imagebroker, 22/23 LOOK-foto/Franz Marc Frei, 32 und 33 o. picture-alliance/AAP Image/Alan Porritt, 33 u. picture-alliance/AAP Image/Mick Tsikas, 35 l. Bildagentur Huber/Maurizio Relli, 35 r. o. mauritius images/John Warburton-Lee, 37 o. iStockphoto/evemilla, 37 u. laif/Kristensen, 38/39 Getty Images/Pulak Bose Photography, 42 mauritius images/Alamy, 46 mauritius images/John Warburton-Lee, 48 LOOK-foto/Hauke Dressler, 51 o. DuMont Bildarchiv/Thomas P. Widmann, 52 r. u. vario images/RHPL, 53 o. Shutterstock, 53 u. LOOK-foto/Karl Johaentges, 54/55 laif/Regina Bermes, 65 l. o. Bildagentur Huber/Guido Cozzi, 67 mauritius images/Alamy, 68/69 LOOK-foto/Per-Andre Hoffmann, 79 mauritius images/Alamy, 82 r. o. mauritius images/iconotec, 82 r. u. vario images/Axiom, 83 LOOK-foto/Karl Johaentges, 84/85 laif/hemis.fr/Marc Dozier, 88 u. laif/Jacana/Catherine Jouan et Jeanne Rius, 94 o. Shutterstock/balabolka, 94 M. l. Getty Images/Barcroft/Peter Carroll, 94 M. r. mauritius images/Robert Harding, 94 u. picture-alliance/Reinhard Dirscherl, 95 o. l. LOOK-foto/Don Fuchs, 95 o. M. Hollybank Treetops Adventure, 95 o. r. Getty Images/Paul Morton, 95 u. Glow Images/ScienceFaction, 97 l. mauritius images/Alamy, 98 r. o. Bildagentur Huber/Brook Mitchell, 98 r. u. LOOK-foto/age fotostock, 99 DuMont Bildarchiv/Thomas P. Widmann, 100/101 mauritius images/Axiom Photographic, 102/103 laif/Franco Barbagallo, 105 o. mauritius images/age, 110 l. mauritius images/Alamy, 110 M. o. Bildagentur Huber/Stefano Scata, 110 r. o. Shutterstock/balabolka, 110 r. u. corbis/Nick Rains, 111 o. DuMont Bildarchiv/Thomas P. Widmann, 111 u. l. mauritius images/Walter Bibikow, 111 u. r. mauritius images/Alamy, 113 o. mauritius images/John Warburton-Lee, 114 r. o. DuMont Bildarchiv/Thomas P. Widmann, 115 o. iStockphoto/PhotographerOlympus, 115 u. mauritius images/Dirk von Mallinckrodt, 116 r. o. LOOK-foto/age fotostock, 117 mauritius images/ACE, 118 l. o. LOOK-foto/Karl Johaentges, 118 l. u. corbis/Marianna Massey, 120 mauritius images/Radius Images
Quellen: Bruce Chatwin, Traumpfade, Frankfurt/M., 14. Aufl. 2009, S. 104 (hier S. 107)
Grafische Konzeption, Art Direktion: fpm factor product münchen
Cover Gestaltung: Neue Gestaltung, Berlin
Layout: CYCLUS · Visuelle Kommunikation, Stuttgart
Kartografie: © MAIRDUMONT GmbH & Co. KG, Ostfildern; Kartografie Lawall (Karten für „Unsere Favoriten")
DuMont Bildarchiv: Marco-Polo-Straße 1, 73760 Ostfildern, Tel. 0711/4502-266, Fax 0711/4502-1006, bildarchiv@mairdumont.com

Anzeigenvermarktung: MAIRDUMONT MEDIA, Tel. 0711/45020, Fax 0711/45021012, media@mairdumont.com, http://media.mairdumont.com
Vertrieb Zeitschriftenhandel: PARTNER Medienservices GmbH, Postfach 810420, 70521 Stuttgart, Tel. 0711/7252-212, Fax 0711/7252-320
Vertrieb Abonnement: Leserservice DuMont Bildatlas, Zenit Pressevertrieb GmbH, Postfach 810640, 70523 Stuttgart, Tel. 0711/7252-265, Fax 0711/7252-333, dumontreise@zenit-presse.de
Vertrieb Buchhandel und Einzelhefte: MAIRDUMONT GmbH & Co KG, Marco-Polo-Straße 1, 73760 Ostfildern, Tel. 0711/4502-0, Fax 0711/4502-340
Druck und buchbinderische Verarbeitung: NEEF + STUMME premium printing GmbH & Co. KG, Wittingen, Printed in Germany

FSC
www.fsc.org
MIX
Papier aus verantwortungsvollen Quellen
FSC® C001857

Lieferbare Ausgaben

In Wiesbaden versteht man zu leben und zu genießen – ein Schwatz am Abend gehört unbedingt dazu.

Es gibt sie selbst auf Mallorca, einsame Buchten, in denen man die herrliche Natur (fast) für sich allein hat.

Wiesbaden
Rheingau

Stadt der Superlative
Technik, Architektur, Sport und Kultur oder auch Kulinarisches, nahezu in jedem Bereich hat Wiesbaden Außergewöhnliches zu bieten – lassen Sie sich überraschen ...

Picknick und Kunsterlebnis
Die Winzer im Rheingau offerieren weit mehr als nur gute Weine.

Ungewöhnliche Domizile
Wie wäre es mit einer Übernachtung im Weinfass, in einem alten Bahnhof oder doch lieber in einem historischen Luxushotel?

Mallorca

Vamos a la Playa
Die Partystrände von Palma und S'Arenal sind nicht jedermanns Sache. Aber es gibt tolle Strandalternativen von karibisch-paradiesisch bis wild-romantisch.

Natur pur
Mallorca ist ein Paradies für Wanderer und Radler. Folgen Sie unseren Tourenvorschlägen auf der Lieblingsinsel der Deutschen.

Essen mit Aussicht
Frischer Fisch, ein Glas Wein und Meerblick, die Lieblingsadressen unseres Autors.

www.dumontreise.de

DEUTSCHLAND
119 Allgäu
092 Altmühltal
105 Bayerischer Wald
120 Berlin
162 Bodensee
121 Brandenburg
175 Chiemgau, Berchtesg. Land
013 Dresden, Sächs. Schweiz
152 Eifel, Aachen
157 Elbe und Weser, Bremen
125 Erzgebirge, Vogtland
168 Franken
020 Frankfurt, Rhein-Main
059 Fränkische Schweiz
112 Freiburg, Basel, Colmar
028 Hamburg
026 Hannover zw. Harz u. Heide
042 Harz
062 Hunsrück, Naheland, Rheinhessen
023 Leipzig, Halle, Magdeburg
131 Lüneburger Heide, Wendland
133 Mecklenburgische Seen
038 Mecklenburg-Vorpommern
033 Mosel
114 München
047 Münsterland
015 Nordseeküste Schleswig-Holstein
006 Oberbayern
161 Odenwald, Heidelberg
035 Osnabrücker Land, Emsland
002 Ostfriesland, Oldenb. Land
164 Ostseeküste Mecklenburg-Vorpommern
154 Ostseeküste Schleswig-Holstein
136 Pfalz
040 Rhein zw. Köln und Mainz
079 Rhön
116 Rügen, Usedom, Hiddensee
137 Ruhrgebiet
149 Saarland
080 Sachsen
081 Sachsen-Anhalt
117 Sauerland, Siegerland
159 Schwarzwald Norden
045 Schwarzwald Süden
018 Spreewald, Lausitz
008 Stuttgart, Schwäbische Alb
141 Sylt, Amrum, Föhr
142 Teutoburger Wald
170 Thüringen
037 Weserbergland
173 Wiesbaden, Rheingau

BENELUX
156 Amsterdam
011 Flandern, Brüssel
070 Niederlande

FRANKREICH
055 Bretagne
021 Côte d'Azur
032 Elsass
009 Frankreich Süden Languedoc-Roussillon
019 Korsika
071 Normandie
001 Paris
115 Provence

GROSSBRITANNIEN/IRLAND
063 Irland
130 London
138 Schottland
030 Südengland

ITALIEN/MALTA/KROATIEN
017 Gardasee, Trentino
110 Golf von Neapel, Kampanien
163 Istrien, Kvarner Bucht
128 Italien, Norden
005 Kroatische Adriaküste
167 Malta
155 Oberitalienische Seen
158 Piemont, Turin
014 Rom
165 Sardinien
003 Sizilien
140 Südtirol
039 Toskana
091 Venedig, Venetien

GRIECHENLAND/ZYPERN/TÜRKEI
034 Istanbul
016 Kreta
176 Türkische Südküste, Antalya
148 Zypern

MITTEL- UND OSTEUROPA
104 Baltikum
122 Bulgarien
094 Danzig, Ostsee, Masuren
169 Krakau, Breslau, Polen Süden
044 Prag
085 St. Petersburg
145 Tschechien
146 Ungarn

ÖSTERREICH/SCHWEIZ
129 Kärnten
004 Salzburger Land
139 Schweiz
144 Tirol
147 Wien

SPANIEN/PORTUGAL
043 Algarve
093 Andalusien
150 Barcelona
108 Costa Brava
025 Gran Canaria, Fuerteventura, Lanzarote
172 Kanarische Inseln
124 Madeira
174 Mallorca
007 Spanien Norden, Jakobsweg
118 Teneriffa, La Palma, La Gomera , El Hierro

SKANDINAVIEN/NORDEUROPA
166 Dänemark
153 Hurtigruten
029 Island
099 Norwegen Norden
072 Norwegen Süden
151 Schweden Süden, Stockholm

LÄNDERÜBERGREIFENDE BÄNDE
123 Donau – Von der Quelle bis zur Mündung
112 Freiburg, Basel, Colmar

AUSSEREUROPÄISCHE ZIELE
010 Ägypten
053 Australien Osten, Sydney
109 Australien Süden, Westen
107 China
024 Dubai, Abu Dhabi, VAE
160 Florida
036 Indien
027 Israel
111 Kalifornien
031 Kanada Osten
064 Kanada Westen
171 Kuba
022 Namibia
068 Neuseeland
041 New York
048 Südafrika
012 Thailand
046 Vietnam